OTT 보는 청소년, 괜찮을까요?

OTT 보는 청소년, 괜찮을까요?

김주미 지음

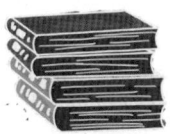

미디어 비평가가 알려주는
쏟아지는 OTT 똑똑하게
읽고, 보고, 즐기는 법!

청소년 OTT
이용에 관한
12가지 궁금증

글이출판

° 일러두기

1. 청소년의 연령은 법률마다 다르지만, 본문에서는 어린이와 청년의 중간 시기에 해당하는 사람으로서, 만 10세에서 만 19세를 가리킨다.
2. 청소년을 책임지는 주체로 흔히 부모가 호명되지만 그렇지 않은 경우도 많다. 본문에서는 어떤 것 혹은 어떤 사람을 보호할 책임이 있는 사람이라는 뜻으로 '보호자'라는 단어를 주로 사용한다.
3. 청소년을 가르치는 사람으로서 선생, 교사, 강사 등이 있다. 본문에서는 교육실천에 종사하고 있는 사람들을 통칭하여 '교육자'라는 단어를 주로 사용한다. 이는 교육을 직업으로 하는 사람들뿐 아니라 사회에 교육적 영향을 주고 있는 사람들까지도 일컫는다.
4. 책, 잡지, 신문(언론사), 논문집 제목은 《 》, 보고서, 기사, 학술논문(발표지면), 영화, 드라마 등 영상작품 제목은 〈 〉로 표기했다.
5. 본문에서 사례 근거로 든 각종 조사, 연구, 보고서 등은 부록에 각 장별로 나누어 참고자료란에 작성하였다.

들어가며.
OTT, 청소년과
같이 보는 법에 관하여!

제가 사는 아파트 앞에 중학교가 하나 있습니다. 거실 창에서 내려다보면 학교 운동장이 훤히 내려다보이지요. 창을 열어 수업 종소리와 함께 학생들의 재잘거리는 목소리를 듣고, 점심시간엔 축구를 즐기는 모습을 보면서 저 또한 유년 시절 추억에 빠지곤 한답니다. 그러던 어느 날, 카페에 앉아있는데 낯익은 교복을 입은 남학생 세 명이 눈에 들어왔습니다. 마주 앉아도 되는 테이블에 굳이 나란히 앉은 학생들은 하나의 태블릿 PC를 뚫어지게 보고 있었어요. 집중한 모습이 궁금해 커피를 받으러 가며 슬쩍 화면을 훔쳐봤습니다. 그랬더니 OTT 드라마를 같이 보고 있더군요. 학생들은 영상을 보며 대화를 이어갔습니다.

"나도 이거 보고 싶은데, 우리 엄마는 OTT 구독은 안 된대."
"야, 우리 집에는 텔레비전도 없어! 스마트폰 데이터도 내 맘대로 못쓰거든?"
"나도 이거 보는 거 들키면 아빠한테 혼나. 아빠 개인정보로 보는 거야."

아이들이 보고 있는 드라마는 SNS에서 입소문이 한창인 작품이었습니다. 교복을 입은 학생들이 싸우는 장면과 욕설이 반복해서 등장하고 있었어요. 학원물임에도 폭력의 묘사가 많아 '청소년관람불가' 등급을 받은 콘텐츠로 알고 있습니다. 멀리서 봤을 땐 다들 밝고 건강하게 자라고 있구나하며 흐뭇했던 청소년들의 모습이었는데, 가까이에서 미디어를 이용하는 모습을 보니 어른으로서, 미디어 비평가로서 고민을 갖게 하는 풍경이었습니다.

내가 보는 콘텐츠가 나를 말해준다?

여러분의 자녀 혹은 학생은 요즘 어떤 영상 콘텐츠를 보나요? 이 질문을 듣고 망설임 없이 답할 수 있다면 가정이나 학교에서 구성원 간 소통을 걱정하지 않아도 될 듯합니다. 곁에 있는 사람이 즐겨보는 콘텐츠를 알고 있다면 서로의 취향과 관심사를 공유한다는 뜻일 테니까요. 하지만 한집에 사는 식구라도, 매일 만나는 친구라도 서로의 미디어 이용 경험을 속속들이 알기는 쉽지 않습니다. 최근에는 미디어를 이용하는 방식이 점점 개인화되고 있으니까요. 여럿이 같이, 공개된 장소에서 영화나 방송을 시청하기보다는 혼자 사적인 장소에서 편한 시간에 콘텐츠를 즐기는 일이 더 자연스러워졌습니다. 어린이와 청소년들의 보호자라고 해도 그들이 어떤 방식으로, 무슨 내용의 콘텐츠를 보는지 파악하기는 어렵다는 말이죠.

그래서일까요? 어느 순간부터 저에겐 머릿속을 맴도는 질문이 하나 생겼습니다. 청소년의 OTT 이용을 그냥 저렇게 어른들 몰래 숨어서 하는 행위로 놔둬도 괜찮을까라는 물음이에요. 저는 과거에는 방송작가로 직접 콘텐츠를 만드는 일을 했고, 드라마 연구로 박사학위를 받았습니다. 현재는 영상 스토리텔링을 연구, 조사하거나 미디어를 비평하는 강의를 하고 있죠.

콘텐츠 창작과 비평에 한발씩 담그고 있는 저의 이력이 특이해서인지, 강연 현장에서 만난 많은 분들이 먼저 다가와 고민을 털어놓곤 하는데요. 언젠가부터 OTT에 관한 이야기 비중이 늘기 시작했습니다. 도대체 OTT가 무엇이냐는 질문부터, 자녀나 학생들에게 OTT를 보여줘도 괜찮은가라는 어른들의 근심, 나중에 OTT 창작자가 되고 싶다는 어느 청소년의 꿈까지 제게 답을 묻거나 이해를 구하는 사람들의 수가 늘어갔습니다. 그럴 때마다 시간 관계상, 혹은 전제로 해야 할 상황들이 많아 한마디로 설명하기엔 부족함이 있다는 생각이 들었습니다.

청소년의 OTT 이용 지도 현실은?

이 책은 현장에서 만난 보호자와 교육자, 그리고 청소년의 질문에 충분히 답하지 못했던 답답함을 독자 여러분과 함께 풀기 위해 썼습니다. 책을 기획하면서 제일 먼저 주변의 어른들에게 어린이나 청소년의 OTT 이용을 어떻게 지도하고 있느냐고 질문을 건넸어요. 그랬더니 가정이나 학교에서 아예 스마트폰을 쓰지 못하게 한다거나 이용 시간의 제한을 주어 최대한 OTT에 노출되지 않도록 보호하고 있다는 답이 많았습니다. 극소수지만 집이나 학교 안에서 막아봐야 소용이 있겠느냐며 포기했다는 답도 있었죠.

청소년의 OTT 이용에 무관심한 것보다는 당연히 OTT를 사용하는 장소와 시간을 통제하는 방법이 미디어의 부정적 영향에서 청소년을 지킬 수 있는 확실한 방법입니다.

그런데 자녀와 학생이 OTT와 같은 미디어에 접근하는 행위를 하루 종일 제한할 수 있을까요? 보호자의 영향력이 미치지 못하는 공간에서도 안심할 수 있나요? 앞서 제가 카페에서 마주친 중학생들의 사례처럼 말이죠. 결국 누군가의 감시나 통제에 의해서가 아니라 청소년 스스로 OTT 이용을 조절할 수 있는 능력을 키우는 것이 우리가 도달해야 할 목표 지점입니다. 보호자와 교육자는 OTT와 청소년 중간에 서서 미디어를 사용하는 목적이나 방향을 찾을 때 길을 잃지 않게 곁에서 걷는 길잡이 역할을 하면 충분합니다.

보호자와 교육자의 중재가 필요하다?

미디어 연구 분야에서도 어린이와 청소년의 미디어 이용에서 보호자의 역할을 강조하고 있습니다. 이를 '미디어 중재 이론'이라고 하는데요. 미디어 중재란, 미디어가 자녀나 학생에게 미칠 수 있는 부정적인 효과를 완화하기 위해서 부모와 교사가 다양한 전략을 사용하는 것을 말합니다. 미디어 학자들은 자녀와 가장 많은 시간을 보내는 부모가 자녀의 미디어 이용이나 태도에 관여하는 중재 역할이 어린이와 청소년의 미디어 역량에 큰 영향을 준다고 봅니다.

유아동의 디지털 기기 사용 시기가 점점 빨라지면서 미디어와 자녀 사이에서 부모가 그 사용에 대해 중재하고 교육하는 일은 더욱 중요해졌어요. 미디어 이용을 주제로 부모와 자녀 간 소통 방식을 살핀다는 점에서도 관련 이론의 가치는 눈여겨볼 만합니다. 가족과 커뮤니케이션이 원활한 아이일수록 인지적, 정서적, 행동적 발달에 좋은 영향을 받듯이 부모가 미디어 중재를 잘 할수록 자녀가 미디어의 메시지를 해석하고 이해하는 과정에 긍정적 영향을 줄 수 있다고 보는 것이죠.

미디어 이용에 관한 부모 중재 이론에서는 그 유형을 크게 세 가지로 나누는데요. 첫째, 자녀에 부정적 영향을 미칠 수 있는 미디어나 콘텐츠에 노출되지 않도록 이용 시간이나 내용을 제한하는 '제한적 중재' 방식입니다. 두 번째 유형은 부모와 자녀 간 토론을 통해 비판적 수용 능력을 키워 자녀가 자율적으로 미디어와 콘텐츠를 이용하도록 돕는 '적극적 중재' 방식입니다. 마지막으로 토론은 하지 않더라도 부모와 자녀가 미디어나 콘텐츠를 동시에 이용하거나 공유하는 '공동시청' 방식이 있습니다.

세 가지 전략을 따로 실천한다면 각각의 장단점이 있습니다. 제한적 중재는 처음에는 청소년의 미디어 이용이 줄어드는 명확한 결과가 보이지만 나중에는 청소년이 통제에 불만을 품고 몰래 미디어를 이용할 가능성이 있지요. 적극적 중재는 대화와 설득을 바탕으로 소통할 수 있지만 보호자와 교육자가 청소년의 자율성을 고려하면서 본인의 의견도 가지고 있어야 하니 시간과 노력이 필요한 과정입니다. 마지막 공동시청은 청소년이 보호자와 교육자의 콘텐츠 이용 습관이나 선호도를 따르게 된다는 특징이 있습니다. 이렇듯 각 전략이 가진 효과와 한계점이 다르므로 무엇이 맞다, 그르다고 단정 지을 수는 없어요. 현명한 보호자는 세 가지 전략을 미디어의 특성에 따라, 또는 개인이 처한 상황에 따라 알맞은 요소들을 조합하여 나만의 실천법을 만들어야 합니다.

OTT라는 낯선 숲길에서 길을 잃지 않으려면?

이 책의 내용은 청소년의 OTT 이용에 부모와 교사의 관여가 필요하다는 미디어 중재 이론을 바탕으로 구성되었습니다. OTT를 우리 눈앞에 놓인 거대한 산이라고 가정해 볼까요? 청소년이 안전하게 산행을 할 수 있다면 그동안 보지 못한 숲속 풍경과 다양한 생명체를 만날 수 있습니다. 자신조차 발견하지 못했던 등산가의 재능을 찾을 수도 있지요. 대신 이를 돕기 위해 보호자 혹은 교육자로서 여러분은 무엇을 준비해야 할까요? 일단 산세와 지형을 파악할 수 있는 지도와 위험한 길을 피할 수 있는 지침, 그리고 수월하게 등산할 수 있는 도구들을 챙겨주어야 하지 않을까요?

그런 의미에서 이 책의 1부는 OTT가 무엇인지 특징을 파악하고 OTT 리터러시가 지금 이 시점에서 왜 중요한지를 알아보는 내용을 담았습니다. 2부는 OTT 콘텐츠가 가진 특성들을 보다 구체적으로 알아보고 청소년에게 어떤 유해성과 유익성이 있는지 분석하였습니다. 3부는 청소년이 OTT를 비판적이고 창의적으로 활용할 수 있는 다양한 방법들을 살펴보았습니다. 총 12개의 질문들은 강의 현장에서 실제 보호자와 교육자, 청소년들에게 받았던 궁금증을 정리한 것입니다. 책의 순서와 상관없이 관심이 가는 질문을 먼저 펼쳐 읽어도 무방합니다. 책 속 문장들을 읽어가며 독자들이 OTT를 더 알고 싶은 호기심이 쌓이고, 청소년의 안전한 놀이터이자 배움터 역할을 할 수 있는 가능성을 발견하는 계기가 되기를 기대합니다.

끝으로 책을 쓰는 동안 자신의 이야기를 가감 없이 들려준 교사와 영상 및 미디어 교육 전문가들, 강의 현장에서 만나 함께 고민을 나눠준 학우들, 그리고 자신의 이름과 사연을 빌려준 사랑하는 조카와 지인들에게 감사의 말을 전합니다. 책을 기획한 순간부터 완성하는 날까지 제 능력을 의심할 때마다 흔들리지 않도록 다잡아주며 책 만듦새에 다정한 손길을 보태준 출판사 대표 이슬기 님 고맙습니다. 책을 읽으며 OTT라는 새로운, 그러나 이미 우리 일상에 깊이 스며든 이 미디어의 쓸모에 대해 청소년과 함께 이해하고 좋은 소통 도구로써 그 가치를 캐는 시간이 되시기를 바랍니다.

2024년 2월, 새로운 봄을 기다리며.
김주미

° 목차

들어가며. OTT, 청소년과 같이 보는 법에 관하여!   6

▶ 1부 | 미디어 리터러시와 OTT 이해하기 ◀

1장. 미디어 리터러시도 골든타임이 있다고?   23
   청소년기, 한편의 콘텐츠가 가진 힘   25
   미디어 리터러시의 이해   29
   더 이상 미룰 수 없는 OTT 리터러시   31

2장. TV랑 OTT, 무엇이 다를까?   39
   미디어 이용, 가구 중심에서 개인 중심으로   41
   OTT 서비스와 방송의 차별점   43

3장. 대세 중 대세는 넷플릭스?   51
   넷플릭스의 역사   53
   OTT 시장에서 넷플릭스의 위치   57

4장. 유튜브가 OTT란 사실, 나만 몰랐어?   63
    OTT 서비스의 유형   65
    OTT로서 유튜브의 장점   67
    보호자가 알아야 할 청소년의 유튜브 이용법   69

OTT 곁에서 도란도란! | 유튜브 똑똑하게 사용하기   74

▶▶ 2부 | OTT 콘텐츠 분석하기 ◀◀

5장. 몰아본다고 뭐가 달라져?   81
    OTT 서비스가 바꾼 영상 소비 방식   83
    몰아보기를 향한 기대와 우려   87

6장. OTT 콘텐츠, 왜 더 자극적이야?   93
    OTT 경쟁력은 결국 콘텐츠   95
    OTT가 가져온 콘텐츠 제작 환경의 변화   97

7장. OTT 콘텐츠, 뭐가 나쁜데?   103
    미디어의 유해성 논란   106
    폭력성과 선정성을 접할 가능성   107

    과몰입과 과의존 경향의 문제   110
    사생활 침해와 개인정보 보호의 문제   111

8장. OTT 콘텐츠, 그럼 좋은 건 뭔데?   117
    OTT 콘텐츠의 교육적 유익성   119
    창의력과 문화 이해력 향상   122
    OTT 콘텐츠와 인문학적 소양   125

    OTT 곁에서 도란도란! | 콘텐츠 감수성 찾아보기   130

▶▶▶ 3부 | OTT 다양하게 활용하기 ◀◀◀

9장. OTT 세계에도 큐레이터가 있다?   135
    콘텐츠 선택의 중요성   137
    OTT 콘텐츠 큐레이션의 한계   138
    나에게 맞는 콘텐츠 선택법이란?   142

10장. OTT 다양성 콘텐츠 볼까, 말까?   153
    OTT에 부는 다양성 바람   155
    다양성 콘텐츠에 관한 걱정 어린 시선들   159
    다양성 콘텐츠가 어린이와 청소년에게 미치는 영향   163

11장. OTT 콘텐츠, 보지 않고 읽는다고? 169
    OTT 다큐멘터리의 특징 172
    미디어 비평의 필요성 174
    OTT 콘텐츠 비평의 순서 177

12장. OTT 다 본 후, 이제 어쩌라고? 183
    OTT를 읽는 나만의 기준 185
    어린이를 위한 OTT 시청 후 활동 186
    청소년을 위한 OTT 시청 후 활동 189

OTT 곁에서 도란도란! l 콘텐츠 창작자 준비하기 198

마치며. OTT 보는 청소년, 괜찮습니다! 201

부록
참고문헌 및 자료 목록 212
어린이, 청소년과 함께 보면 좋은 장르별 OTT 콘텐츠 216

1부 ▶

미디어 리터러시와 OTT 이해하기

1장.
미디어 리터리시도 골든타임이 있다고?

올해 열네 살 준성이와 열두 살 유주 남매는 오랜만에 할머니 댁을 찾았습니다. 반가운 마음에 할머니는 손자들과 마주 앉고 싶었지만 집에 들어선 후 줄곧 스마트폰만 보고 있어 대화를 나누기도 쉽지 않았어요. 식사 시간이 되어서야 할머니는 남매에게 장래 희망이 무엇이냐는 질문을 건넸습니다. 준성이와 유주는 눈치를 보다가 운동 유튜버와 틱톡커가 되고 싶다고 답했어요. 얼마 전 뉴스에서 퇴사하고 유튜버를 꿈꾸는 젊은이들이 많아진다는 소식을 듣고 혀를 찼던 할머니는 어린 손자들이 선망하는 직업을 듣고 얼굴이 어두워졌습니다. 아들과 며느리는 걱정하는 기색은커녕 한술 더 떠 그럼 좋은 영상을 찾아보고, 직접 만들어도 봐야 한다고 조언하고 있었습니다. 할머니는 세상의 변화에 자신만 따라가지 못하는 것인가라는 생각에 손주들을 보고 내내 한숨을 쉴 수밖에 없었습니다.

청소년기, 한편의 콘텐츠가 가진 힘

준성이와 유주처럼 요즘 청소년에게 크리에이터는 정말 인기 있는 직업일까요? 교육부에서 매년 조사하는 '초·중등 진로 교육 현황'에 따르면 초등학생 희망 직업으로 운동선수, 교사에 이어 유튜버 등 크리에이터가 3위에 올랐다고 합니다. 언젠가 국내에서 제일 구독자 수가 많다는 여행 유튜버의 인터뷰를 본 적이 있는데요. 청소년이 선망하는 직업을 가진 그에게 세계여행을 언제부터 꿈꿨냐고 묻자, 어릴 때 두 청소년이 낯선 지역으로 여행을 떠나는 다큐멘터리를 본 것이 계기였다고 답했습니다. 이처럼 어릴 때 만나는 영상 한 편은 장래 희망을 결정짓기도 하고, 내가 직접 만나보지 못한 사람과 세계에 대한 인상이나 견해를 형성하기도 하죠. 미디어는 다양한 사람들의 삶을 간접적으로 경험하게 해주고, 직접 가볼 수 없는 낯선 세계를 눈앞에서 마주할 수 있게 해주기 때문에 세상을 보는 창이라고 불립니다.

미디어의 영향력은 실생활에서도 쉽게 체감할 수 있는데요. 방송에서 맛집으로 소개하는 식당은 다음날 바로 사람들이 줄을 서서 먹는 가게가 되고, 뉴스에 자주 출

> • "PPL(product placement)"은 직역하면 제품 배치를 말합니다. 처음에는 영화를 제작할 때 각 장면에 사용될 소품을 적절한 장소에 배치하는 것을 가리키던 용어인데요. 이제는 영화, 드라마 등에 상품을 등장시켜 간접적으로 광고하는 마케팅 기법의 하나를 뜻하는 단어가 되었습니다.

연하는 교수나 변호사, 의사 같은 전문가들은 사회에서 공신력 있는 인물로 인정받는 분위기가 되죠. 드라마 속 "PPL(간접광고)"은 또 어떤가요. 'K-드라마'가 전 세계적으로 인기를 얻자 드라마에 노출된 홍삼이나 화장품, 치킨 같은 한국 기업의 제품들도 덩달아 많이 팔렸다는 소식도 들을 수 있습니다.

텔레비전뿐 아니라 SNS나 OTT까지, 청소년들이 이용할 수 있는 미디어의 종류는 나날이 더 다양해지고 있어요. 청소년기는 호기심이 많고 정서적, 도덕적, 사회적 발달 또한 활발히 이루어지는 시기죠. 어른들은 감수성이 예민한 청소년들이 미디어에서 접한 이미지나 정보들 때문에 혹시 나쁜 영향을 받는 것은 아닌지 걱정스러울 수밖에 없습니다.

특히 어릴 때 담배나 술, 마약과 같은 약물을 미화하거나 자주 다루는 영상을 본다면 자연스럽게 호기심이 생기고 모방하고 싶은 생각이 들지도 모르지요. 그래서 누구나 시청할 수 있는 방송이나 광고에서는 이런 유해성이 있는 장면에 대해 제약을 두고 있습니다. 가령 TV 방송에서는 담배의 경우 광고는 물론, 직접 흡연하는 장면을 규제하고 있어요. 주류도 알코올 도수와 송출 시간에 따른 광고규제를 실시하고 있답니다.

하지만 청소년에게 유해하다고 판단하는 모든 장면에 이런 규제를 적용하는 것은 아닙니다. 예를 들어 최근 OTT 콘텐츠를 비롯해 여러 미디어에서 자주 재현하는 자살 장면을 살펴볼까요. 드라마나 영화와 같은 작품들은 아무리 허구의 이야기라도 현실을 어느 정도 반영해야 개연성과 설득력을 가지게 됩니다. 그런 면에서 본다면, OECD 국가 중 20년 연속 자살률 1위라는 한국의 아픈 현실을 창작자들이 자연스럽게 작품 속에 녹여냈다고 볼 수 있죠. 하지만 그 이미지를 묘사하면서 자살 방법이나 도구를 자세히 보여주거나 자살을 문제해결 방법으로 제시하고 미화하는 것에는 분명 경각심을 가져야 합니다.

미디어에는 사람들의 이목을 집중시키는 힘이 있어요. 이 힘을 긍정적으로 이용한다면 청소년에게 유해한 환경이나 요소들을 비판적으로 받아들일 수 있도록 도울 수 있죠. 자살과 같은 문제도 미디어가 어떠한 방식으로 자살 장면을 다루느냐에 따라 한 번이라도 자살을 계획했던 사람에게 자신의 생각이 잘못되었음을 깨닫게 하는 계기가 될 수도 있습니다. 자살의 부정적 측면을 강조해 모방 자살이 발생하지 않도록 유도하고, 언론보도를 자제하여 자살을 예방하는 것을 '파파게노 효과(Papageno Effect)'라고 부르기도 한답니다.

그러니 아동, 청소년기부터 미디어에 수동적으로 끌려다니는 것이 아니라, 주도적으로 미디어를 이용하는 방법을 배운다면 평생 유용하게 쓸 삶의 도구를 장착하는 것과 다르지 않겠죠? 다양한 매체를 이해할 수 있는 능력, 미디어가 생산한 메시지를 평가하고 해석해 사회구성원들과 소통할 수 있는 능력을 키워야 하는 것이지요. 이를 바로 미디어를 읽고

• '파파게노 효과(Papageno effect)'는 유명인의 자살이 모방 자살을 부추긴다는 '베르테르 효과'와 상반되는 개념이라고 할 수 있어요. 모차르트 오페라 〈마술피리〉에서 파파게노가 사랑하는 여인을 잃고 목을 매려고 할 때 요정 셋이 나타나 그를 말리고, 결국 요정의 도움으로 죽음의 유혹을 극복한 파파게노는 희망을 상징한대서 따온 용어입니다.

이해하는 문해력 즉, '리터러시'●라고 합니다.

미디어 리터러시의 이해

미디어 리터러시(media literacy)란, 미디어에서 만나게 되는 많은 정보와 콘텐츠들을 올바르게 이해하고 활용하는 능력을 뜻합니다. 쉽게 말하면, 텔레비전을 보거나 인터넷을 사용할 때 우리가 보는 것들이 진짜인지, 올바른 정보인지 알고 판단하는 능력과 이를 이용해 자신의 생각을 표현하는 능력이라고 정의할 수 있어요.

> ● '리터러시(literacy)'란 처음에는 텍스트 즉, 문자를 쓰고, 읽는 능력을 의미했습니다. 그러다 커뮤니케이션의 도구가 되는 매체 기술이 발달하면서 그 개념도 점점 확장되었어요. 문자 매체의 시대에는 문자 언어를 분석하는 능력이, 영상 매체와 디지털 매체의 시대에는 영상과 디지털 언어를 읽고 이해하기 위한 미디어 리터러시 능력이 요구되고 있습니다.

　미디어 리터러시는 몇 가지 중요한 요소를 포함하고 있습니다. 첫째, 정보의 신뢰성을 평가하는 능력이에요. 인터넷이나 소셜 미디어에서 볼 수 있는 정보들이 항상 정확한 건 아니예요. 그래서 우리는 그 정보를 확인하고 신뢰할 수 있는지 판단하는 능력을 갖춰야 하죠. 구체적으로 인터넷을 통해 정보를 검색하고, 소셜 미디어에서 신뢰할 수 있는 소식을 구별하며, 뉴스와 기사를 읽고 평가하는 능력을 개발하는 방법을 알아갑니다.

둘째, 미디어의 목적과 의도를 이해하는 것이 중요합니다. 광고, 드라마, 뉴스 등 다양한 미디어에서는 각자의 목적과 의도가 있어요. 우리는 그것들이 우리에게 어떤 영향을 주고자 하는지 알고, 우리의 선택이나 판단에 어떤 방식으로 작용하는지 이해해야 합니다. 그러려면 광고, 드라마, 영화 등에서 전달되는 메시지가 어떻게 만들어지는지 과정을 알고, 메시지를 비판적으로 생각하고 분석하는 방법을 익혀야 한답니다.

마지막으로 미디어 리터러시에는 미디어를 창의적으로 활용하는 능력도 포함합니다. 우리는 1인 미디어의 시대에 살고 있잖아요? 이제 남녀노소 누구나 미디어를 통해 스토리를 만들고 공유하며, 콘텐츠를 생각하고 창작하는 것이 가능해졌죠. 특히 청소년기는 창의적인 활동을 즐기는 시기입니다. 미디어 리터러시를 통해 청소년들은 미디어를 자유자재로 활용해 자신을 표현하고 사고력도 발전시킬 수 있습니다. 이미 많은 어린이와 청소년이 온라인 공간에서 동영상을 기획, 제작하거나 자신만의 작품을 만들어 창조적 활동을 하고 있습니다.

정리하면, 미디어 리터러시는 우리가 미디어의 영향을 비판적으로 인식하고 그에 대한 대응 방법을 창의적으로 찾아가도록 해줍니다. 어릴 때부터 미디어의 편향 가능성을 인식하고, 자신의 가치와 신념에 따라 미디어를 사용하고 소비하는 방법을 결정하는 것은 매우 중요해요. 청소년기에 미디어 리터러시 능력을 길러야 성인이 되어서도 여러 미디어의 특성을 이해할 수 있고, 앞으로 자신의 삶에 긍정적인 결정을 내리는 데에 미디어의 도움을 받을 수 있을 테니까요.

더 이상 미룰 수 없는 OTT 리터러시

다양한 미디어 종류 중에서도 최근 몇 년 새 청소년의 이용률이 가장 많이 늘어난 것은 단연 OTT 서비스입니다. 청소년들이 직접 OTT 서비스를 시청하는 경우도 늘고 있지만 유튜브나 틱톡, 인스타그램 같은 SNS에서 작품 내용 중 일부 장면을 포함한 짧은 영상을 쉽게 접할 수 있습니다.

2022년 여성가족부의 발표에 의하면, 일주일에 5일 이상 OTT를 이용한다는 청소년 응답이 2018년에는 10명 중 한, 두 명에 그쳤지만 3년이 지난 2021년에는 10명 중 7명으로 약 4배나 증가했다고 합니다. 개인이나 가정에서 구독료를 내고 보는 유료 서비스에 가입을 하지 않았다 하더라도, 유튜브와 같이 무료로 접근할 수 있는 플랫폼을 통해 리뷰, 패러디, 클립과 같은 형식의 이른바 2차 콘텐츠를 청소년들이 별다른 제재 없이 시청할 수 있는 것이 현실이에요.

이제 미디어 리터러시 중에서도 OTT 리터러시 즉, OTT 서비스를 제대로 이용하는 능력이 청소년에게도 꼭 필요해졌습니다. OTT 리터러시는 사용자가 OTT 플랫폼에서 제공되는 다양한 콘텐츠를 적극적으로 활용하고, 콘텐츠를 비판적으로 평가하며, 다양한 콘텐츠에 대한 이해력과 해석력을 가지는 능력을 말합니다.

온라인 게임에서 캐릭터의 레벨이 최고점에 도달해 상황마다 능숙하게 일을 처리하는 경지를 일명 '만렙'이라고 하죠? OTT 리터러시를 갖추어 OTT 이용에서 '만이 온라인 공간에서 동영상을 기획, 제작하거나 자신만의 작품을 만들어 창조적 활동을 하고 있습니다.

정리하면, 미디어 리터러시는 우리가 미디어의 영향을 비판적으로 인식하고 그에 대한 대응 방법을 창의적으로 찾아가도록 해줍니다. 어릴 때부터 미디어의 편향 가능성을 인식하고, 자신의 가치와 신념에 따라 미디어를 사용하고 소비하는 방법을 결정하는 것은 매우 중요해요. 청소년기에 미디어 리터러시 능력을 길러야 성인이 되어서도 여러 미디어의 특성을 이해할 수 있고, 앞으로 자신의 삶에 긍정적인 결정을 내리는 데에 미디어의 도움을 받을 수 있을 테니까요.

더 이상 미룰 수 없는 OTT 리터러시

다양한 미디어 종류 중에서도 최근 몇 년 새 청소년의 이용률이 가장 많이 늘어난 것은 단연 OTT 서비스입니다. 청소년들이 직접 OTT 서비스를 시청하는 경우도 늘고 있지만 유튜브나 틱톡, 인스타그램 같은 SNS에서 작품 내용 중 일부 장면을 포함한 짧은 영상을 쉽게 접할 수 있습니다.

2022년 여성가족부의 발표에 의하면, 일주일에 5일 이상 OTT를 이용한다는 청소년 응답이 2018년에는 10명 중 한, 두 명에 그쳤지만 3년이 지난 2021년에는 10명 중 7명으로 약 4배나 증가했다고 합니다. 개인이나 가정에서 구독료를 내고 보는 유료 서비스에 가입을 하지 않았다 하더라도, 유튜브와 같이 무료로 접근할 수 있는 플랫폼을 통해 리뷰, 패러디, 클립과 같은 형식의 이른바 2차 콘텐츠를 청소년들이 별다른 제재 없이 시청할 수 있는 것이 현실이에요.

이제 미디어 리터러시 중에서도 OTT 리터러시 즉, OTT 서비스를 제대로 이용하는 능력이 청소년에게도 꼭 필요해졌습니다. OTT 리터러시는 사용자가 OTT 플랫폼에서 제공되는 다양한 콘텐츠를 적극적으로 활용하고, 콘텐츠를 비판적으로 평가하며, 다양한 콘텐츠에 대한 이해력과 해석력을 가지는 능력을 말합니다.

온라인 게임에서 캐릭터의 레벨이 최고점에 도달해 상황마다 능숙하게 일을 처리하는 경지를 일명 '만렙'이라고 하죠? OTT 리터러시를 갖추어 OTT 이용에서 '만렙'이 되면 어떤 점이 좋은지 살펴볼까요? 우선 매일 쏟아지는 영상물의 홍수 속에서도 자신의 상황에 맞고 도움이 되는 콘텐츠를 잘 고르게 됩니다. 작품을 보는 눈이 날카로워 남들은 놓치기 쉬운 주제나 제작자의 의도, 이야기 구조와 시청각적 요소까지 그 특징을 찾아 비판적으로 평가할 수 있어요. 어렸을 때부터 OTT 리터러시 능력을 기른 사람은 다른 이들과 콘텐츠에 대해 의견을 공유하고 토론하는 데에 스스럼이 없고, 평소 자신의 콘텐츠 선호도와 관심사를 탐구할 수 있으니 결국 자기만의 관점과 세계관을 만들어 갈 수 있습니다.

앞으로 미디어 리터러시 분야에서 OTT 리터러시는 중요도가 점점 더 커질 것입니다. OTT 서비스가 콘텐츠를 소비하는 즐거움을 넘어 다른 문화를 수용하고 이해하는 기회의 플랫폼 역할을 하게 될 테니까요. 해외에서 'K-콘텐츠'를 본 외국인들이 한국에 대해 친밀감을 느끼거나, 드라마와 다큐멘터리를 본 후 관심 분야가 바뀌고 인생의 가치관이 달라질 수 있는 시대입니다. 그러니 OTT 리터러시는 이용자들이 미디어 환경에서 자신의 권리와 선택을 효과적으로 행사할 수 있도록 돕는 중요한 능력인 셈입니다.

지금 이 시각에도 OTT 서비스는 다양한 콘텐츠를 제공하고 있어요. 다채로운 장르와 소재의 콘텐츠가 제공되기 때문에 청소년들 역시 마음만 먹으면 기호에 맞는 영상을 얼마든지 볼 수 있는 시대입니다. 하지만 OTT 서비스에서 제공되는 콘텐츠를 이용하기 전에 그 안에 담긴 진실성과 신뢰성을 먼저 평가할 줄 알아야 합니다. 콘텐츠 내용 안에 담긴 허위 정보나 편향적인 관점, 선정적이거나 폭력적인 표현 등을 인식하고 대응할 수 있도록 하는 것이 중요하다는 말이죠.

더불어 OTT 서비스는 온라인 공간에서 콘텐츠를 소비하는 형태이기 때문에 디지털 시민성과 온라인 안전에 대한 이해도가 필요합니다. 청소년들은 온라인에서 적절한 행동과 소통 방식을 알고, 개인정보 보호와 사이버 위협에 대비할 수 있어야 합니다. 이렇듯 OTT 리터러시는 질문하고 비판하는 힘은 물론이고, 디지털 시민성과 온라인 안전성을 스스로 키우는 능력까지 모두 포함합니다.

그런데 이쯤에서 의문이 들 수도 있어요. 청소년뿐만 아니라 성인도 OTT 서비스를 제대로 이용하지 못하면 여러 문제점에 맞닥뜨릴 수 있다는데 그렇다면 아예 OTT 사용을 차단하거나 제한해서 문제의 소지를 만들지 않으면 어떨까 하는 생각입니다. 그러나 OTT 서비스를 제공하는 여러 기술 환경과 콘텐츠의 사회문화적 영향력이 갈수록 커지고 있는 상황에서 보호를 앞세워 청소년만 그 세계에 진입하지 못하도록 방어벽을 두껍게 세우는 것은 현실성 없는 대안이지 않을까요?

양날의 검처럼 OTT 서비스는 잘만 활용하면 청소년에게 문화적 이해를 넓히고 다양성을 존중하도록 돕는 좋은 교재 역할을 할 수 있습니다. OTT 서비스는 세계 각국에서 제작된 여러 형식의 콘텐츠를 보여주는데요. 청소년들은 콘텐츠를 통해 다른 문화와 관점을 나의 손바닥 안에서 쉽게 만날 기회를 얻는 것이죠. 여러분이 생각한 것보다 OTT 서비스는 청소년에게 더 도움이 되는 미디어일지 모릅니다. 문화 간 이해, 차별과 편견에 대한 인식, 인종, 성별, 성적 지향성 등의 다양성을 인지하는 능력을 기르도록 도와줄 수 있어요.

그러니 다른 미디어와 마찬가지로 OTT 역시 청소년을 해치는 무기가 아니라 이용자가 보다 넓은 세상을 다각도에서 이해하도록 돕는 도구로 활용할 수 있도록 사용법을 제대로 알아야 하지 않을까요? 새 제품을 갖게 됐을 때 사용 설명서를 꼼꼼히 읽는다거나 미리 써 본 사람들의 조언을 들으면 그 물건에 더 빨리 적응하는 것처럼 말입니다. 바로 이러한 이유로 청소년에게 OTT 리터러시는 빨리 익히면 익힐수록 좋다고 생각해요. OTT 리터러시를 일찍 시작한 청소년은 하루가 다르게 변화하는 미디어 환경에 혼란스러워하지 않고 주체적으로 OTT 곁에서 함께 성장할 수 있다고 믿습니다.

2장.
TV랑 OTT, 무엇이 다를까?

회사 일로 늘 바쁘던 시현 아빠는 모처럼 일이 일찍 끝나자 저녁 시간을 가족과 함께 보낼 생각에 들떴습니다. 오늘은 사춘기가 시작되었는지 유난히 말수가 줄어든 딸과 함께 텔레비전을 보며 대화를 나눠보리라 결심했죠. 시현이가 좋아하는 음식을 배달시켜 거실에 펼치고는 텔레비전을 켠 후 함께 인기 예능 프로그램을 보자며 불렀습니다. 하지만 아빠의 기대와 달리 시현이는 자기 방에서 태블릿 PC로 아이돌이 주인공인 다큐멘터리를 본다며 음식만 챙겨 방으로 들어가 버립니다. 아내도 안방에서 스마트폰으로 그동안 미뤄둔 드라마를 몰아보겠다며 방해하지 말라고 말합니다. 결국 아빠는 거실에 혼자 덩그러니 앉아 커다란 브라운관 속 예능인들과 헛헛한 저녁을 보내야 했습니다.

미디어 이용, 가구 중심에서 개인 중심으로

주말 저녁, 거실벽 한가운데 텔레비전이 놓여 있고 그 앞에 가족이 옹기종기 모여 인기 프로그램을 보던 풍경 기억나시나요? 이제는 과거를 추억하는 드라마 속에서나 만날 수 있는 장면이 되었습니다. 가족이라 해도 개인의 취향에 따라 미디어와 콘텐츠를 선택하는 시대이기 때문이죠. 예전이라면 온 가족이 도란도란 모여 텔레비전을 시청하는 일이 일상적이었지만 지금은 시현이처럼 귀찮아하거나 굳이 왜 같이 봐야 하냐며 의아해할지도 모릅니다. 가족 구성원이 여가 시간에 함께 하나의 미디어를 즐기는 일은 그만큼 특별한 경험이 되었습니다.

 우리가 미디어를 이용하는 모습이 달라진 이유는 무엇일까요? 사람들이 여가를 보내는 방법이 다양해지고, 미디어의 종류도 예전에 비해 늘어나서가 아닐까 합니다. 그리고 또 하나, OTT 서비스의 등장을 빼놓을 수 없죠. 방송통신위원회에서 매년 실시하는 '방송매체 이용행태 조사'에서도 그 변화를 감지할 수 있어요. 2022년 결과를 살펴보면 만 13세 이상 조사대상자 10명 중 7명이 OTT 서비스를 이용하고 있다고 합니다. 게다가 20대는 OTT 서비스 이용률이 96%에 달하고, 10대와 30대도 90%대의 이용률을 보였습니다.

과연 OTT 서비스가 뭐길래 단번에 우리의 눈과 귀를 사로잡은 것일까요? OTT는 'Over-The-Top'의 약자입니다. 여기서 'Top'은 텔레비전에 연결하는 셋톱박스를 말하는데요, 단어 그대로 풀이하면 셋톱박스를 넘어서서 자신이 보고 싶은 영상을 볼 수 있다는 뜻입니다. 다시 말해 OTT는 인터넷을 통해서 영화, 드라마, 애니메이션, TV 프로그램 등 다양한 콘텐츠를 시청할 수 있는 서비스입니다. 예를 들어 여러분이 현재 사용하고 있는 넷플릭스나 디즈니 플러스, 티빙이나 웨이브, 왓챠와 같은 서비스들입니다.

그럼 이들 중 여러분이 가장 자주 이용하는 OTT 서비스는 무엇인가요? 2022년 정보통신정책연구원에서 조사했더니 우리나라 미디어 이용자들이 가장 선호하는 OTT 서비스는 유튜브로 나타났습니다. 그다음으로 사람들이 즐겨 찾는 OTT 서비스는 넷플릭스입니다. 어, 그런데 유튜브도 OTT라고요? 이 이야기는 4장에서 좀 더 자세하게 얘기할게요. 우선 여러 OTT 서비스 중에서도 유튜브와 넷플릭스를 많이 이용하는 이유를 묻자, 바로 접근성 때문이라고 답했는데요. 접근성이 높다는 말은 어떤 제품이나 서비스를 보다 편리하게 이용할 수 있다는 뜻이기도 합니다. 기존 영화나 방송 같은 이른바 레거시 미디어(legacy media)들과 OTT 서비스를 차별 짓는 중요한 특성 또한 접근성인데요. 그럼 OTT의 접근성이 얼마나 남다른지 하나씩 살펴보도록 하겠습니다.

> • 레거시 미디어(legacy media)란 현재에도 여전히 사용되고 있지만 과거에 출시되었거나 개발된 전통 미디어를 말합니다. 레거시(legacy)는 유산이나 유물을 뜻하는 단어인데요. 웹이나 디지털 기반의 새로운 미디어를 부각시킬 때 대조되는 의미로 사용합니다. 현재에는 TV(지상파, 케이블)·라디오·신문 등이 레거시 미디어라 할 수 있습니다.

OTT 서비스와 방송의 차별점

우리가 집이나 영화관에서 영상을 보는 것보다 OTT 서비스에 다가가기가 더 수월하다고 느끼는 이유는 무엇일까요? OTT 서비스에 익숙해지기 이전, 우리 생활에서 친숙한 미디어는 단연 TV 방송이었는데요. 그럼 기존의 방송과 OTT 서비스를 하나씩 비교해 볼까요?

우선 OTT 서비스의 특징은 인터넷을 기반으로 한다는 점입니다. 인터넷에 연결된 디바이스 가령, 스마트폰이나 태블릿, 스마트 TV만 있다면 언제, 어디서든 자신이 원하는 작품을 골라 시청할 수 있죠. 이때 이용자가 선택한 영상은 스트리밍하거나 다운로드하여 시청할 수 있는데요, 여기서 '스트리밍(streaming)'이란 연속해 끊기지 않고 흐른다는 뜻으로, 인터넷에서 영상을 바로 재생할 수 있고 실시간으로 시청하는 기법을 말합니다.

이에 반해 전통적인 방송은 어떤가요? 예전에 우리가 집에서 텔레비전을 보려면 지상파, 케이블 TV, 위성 방송을 연결하기 위해 여러 물리적 준비가 필요했습니다. 그뿐인가요? 각 방송사에서 정한 편성표에 따라 프로그램 송출이 정해지니 특정 방송 시간을 기다려야 내가 원하는 콘텐츠를 볼 수 있었습니다. 1990년대 중반에 방송된 드라마 〈모래시계〉의 일화는 방송가에서 전설처럼 전해지는데요. 당시 드

▪ SBS 드라마 〈모래시계〉

라마의 인기가 얼마나 대단했는지 드라마 시작 시간에 맞춰 모두 집으로 돌아가다 보니 거리가 한산했다고 합니다. 그래서 '퇴근 시계', '귀가 시계'라는 별명이 붙을 정도였다고 하죠.

하지만 지금은 어떤가요? 좋아하는 드라마를 보려고 굳이 약속을 취소할 필요가 없어졌죠. OTT 서비스가 연결만 된다면, 그곳이 어디든 우리는 곧바로 영상을 소비할 수 있습니다. 물론 시청 시간에 구애받지도 않습니다. OTT 서비스가 스트리밍 기술을 도입해 콘텐츠를 제공하면서 이용자들은 이제 영상을 '소유'하지 않고도 '접속'하는 행위만으로 영상을 편리하게 시청할 수 있습니다.

혹시 '온디맨드(On-Demand) 경제'란 말 들어보셨나요? 온디맨드란 주문형 서비스라는 말로, 내가 원할 때 상품이나 서비스가 찾아오는 것을 뜻합니다. 그리고 '온디맨드 경제'란 모바일 기술이나 IT 인프라를 통해 소비자의 수요에 즉시 제품과 서비스를 제공하는 경제활동 전반을 일컫는 말이죠. 온라인상에서 소비자가 주문을 하면 곧바로 문 앞에 음식이 도착하는 배송 서비스나 고객과 택시 기사를 연결해 사용자가 원하는 장소로 차가 바로 제공되는 운송 서비스, 그리고 우리가 주목하는 OTT 서비스도 온디맨드 경제의 대표 사례입니다. OTT가 우리와 가까워질 수 있는 또 다른 이유는 바로 온디맨드 서비스를 기반으로 하고 있기 때문이죠.

OTT 서비스에서 온디맨드 기능은 이용자의 필요에 따라 영상을 선택하고 그 즉시 시청할 수 있는 방식을 의미하는데요. 특히 이용자가 콘텐츠 내용 중 원하는 지점을 일시 정지할 수 있고 앞뒤로 이동도 가능하며 심지어 재생속도도 조절 가능하다는 사실에 주목해야 합니다. 이런 기능들은 전통적인 방송이나 영화에서는 주지 못한 영상 시청의 주도권을 시청자에게 주는 것을 의미하죠. 이제 이용자들은 편의에 따라 콘텐츠를 통제할 수 있으니 기존 미디어들보다 자율적으로 영상을 소비할 수 있습니다.

마지막으로 OTT 서비스의 중요한 특징을 꼽자면, 이용자 개인에게 맞춤형 콘텐츠를 추천한다는 것입니다. 몇 년 전만 해도 방송국에서는 봄과 가을이 가장 바쁜 시기였습니다. 봄, 가을 개편을 앞두고 새로운 프로그램을 기획하거나 기존 프로그램의 구성을 수정하는 시간이기 때문입니다. 이때 프로그램 편성을 결정짓는 판단의 기준은 요즘 대중이 좋아하는 아이템이나 이슈는 무엇인가였습니다. 그러니 소수의 관심사보다는 많은 사람들의 눈과 귀를 모을 수 있는 한정된 주제의 영상 콘텐츠를 제작할 수밖에 없었죠.

그럼 현재의 OTT 서비스는 어떨까요? 각 OTT 서비스의 메인 화면에만 들어가도 방송국 홈페이지와는 비교가 안 될 정도로 다양한 종류의 콘텐츠를 소개하고 있습니다. 평소 접하지 못한 국가와 문화권의 콘텐츠와 유명한 영화, 드라마, TV 프로그램부터 독립 영화, 웹 시리즈, 다큐멘터리에 이르기까지, 대중에게 생소한 장르와 형식의 영상물도 포함되어 있습니다.

그리고 이용자의 시청 기록, 관심사, 선호도를 분석한 '추천 알고리즘(recommendation algorithm)' 기술을 통해 개인별로 추천하는 영

> • 알고리즘(Algorism)은 어떤 문제를 해결하기 위해 입력된 자료를 바탕으로 원하는 출력을 유도하는 일련의 절차나 시스템을 말합니다. 따라서 **'추천 알고리즘'**이란 OTT 서비스 등에서 사용자의 개인정보, 사용기록 같은 자료를 분석해 사용자에게 맞춤형 콘텐츠나 광고를 제공하는 것으로 이해할 수 있습니다.

상이 달라집니다. 이용자는 마치 아이스크림을 고르듯 자신의 취향과 관심사를 반영한 자기 입맛에 맞는 콘텐츠를 쉽고 빠르게 선택할 수 있죠. 방송과는 다른 OTT 서비스만의 추천 기능은 이용자에게 더 많은 선택권을 주었습니다.

결국 OTT 서비스는 이용자가 처한 상황에 따라 영상을 시청할 기기나 시청 방식을 유연하게 고를 수 있게 해주죠. 방송보다 훨씬 다양한 장르와 언어의 작품들을 만날 수 있는 것은 물론이고, 그중에서 나의 선호에 맞는 콘텐츠를 골라서 눈앞에 펼쳐주니 이용자가 이동성과 편리성이 높은 OTT 서비스에 눈길을 모으는 것은 어쩌면 당연한 결과가 아닐까요.

3장.
대세 중 대세는 넷플릭스?

지후 엄마는 요즘 고민에 빠졌습니다. 중학생인 지후가 또래 중 넷플릭스에 가입하지 않은 사람은 자기밖에 없다며 매일 투덜대기 때문입니다. 지후 엄마는 자녀들 공부를 위해 거실에 있던 텔레비전도 없애고 집에서는 가급적 스마트폰을 보지 않으려 애썼습니다. 그런데 지후는 자꾸 OTT에 가입하지 않은 집은 우리뿐이라며, 그래서 친구들과 소통이 되지 않는다고 푸념합니다. OTT 서비스를 이용하려면 앱도 깔아야 하고, 개인정보를 넣어 가입도 해야 하고 더군다나 매달 별도의 구독료를 결제해야 한다고 합니다. 이미 세상에는 무료로 볼 수 있는 영상들이 넘쳐나는데, 도대체 넷플릭스가 뭐길래 사람들이 그리고 청소년들마저 이렇게 열광하는지 궁금해집니다.

넷플릭스의 역사

OTT 서비스가 등장해 주목받기 시작한 것은 2000년대 중후반부터입니다. 스마트폰의 보급률이 늘어나고 인터넷 통신망과 전화기의 성능이 점차 좋아지는 기술 환경의 변화가 있었기에 OTT 서비스가 전 세계적으로 확산될 수 있었죠. 여기에 OTT에 잘 맞는 콘텐츠를 발굴하거나 제작하여 각국으로 유통한 글로벌 기업들이 OTT 시장의 성장을 견인했습니다. 특히 OTT 서비스의 역사는 이 기업의 활약사를 보면 한눈에 알 수 있는데요, 바로 넷플릭스입니다.

1997년 리드 헤이스팅스(Reed Hastings)와 마크 랜돌프(Marc Randolph)가 설립한 넷플릭스는 초기에는 DVD 대여 사업으로 시작했어요. 이때는 인터넷에서 DVD를 주문하고 우편으로 배송받는 형태였습니다. 그러나 DVD 대여 사업이 점차 한계를 보이자 헤이스팅스와 랜돌프는 인터넷 스트리밍 비즈니스를 시작하기로 결정했습니다. 넷플릭스는 2007년 드디어 온라인 스트리밍 서비스를 도입하였으며, 이를 통해 구독자들은 인터넷으로 영화와 TV 프로그램을 자유롭게 시청할 수 있게 되었습니다. DVD를 빌리거나 소유하지 않고도 인터넷으로 원하는 작품을 볼 수 있는 넷플릭스의 서비스는 혁신적인 사업 모델로 평가받으며 전 세계적으로 인기를 얻었고 다른 미디어와 경쟁하며 넷플릭스의 영향력도 점점 커졌습니다.

넷플릭스는 스트리밍 서비스에 집중함으로써 시장에서 큰 성공을 거두었는데요. 2010년 캐나다에 진출해 첫 번째 해외 시장을 공략했고, 이후에는 보다 적극적으로 세계 시장으로 나아갔습니다. 한국에서도 2016년 처음 서비스를 시작한 이래 2023년 12월 현재까지 국내 OTT 점유율 1위를 놓치지 않고 있습니다.

사실 넷플릭스가 한국에서 OTT 서비스를 시작한다고 했을 때만 해도, 국내에서 이렇게 영향력이 커질 것이라고는 누구도 예상하지 못했어요. 2016년 당시에는 OTT라는 단어도 낯설었고, 전문가들조차 국내 지상파 방송국의 토종 콘텐츠들이 인기를 얻고 있는 상황에서 해외 드라마를 좋아하는 사람은 소수의 마니아들에 한정될 것이라고 예측했죠. 특히 미국과 같은 나라와 국내 미디어 산업 환경은 다르기 때문에 넷플릭스 이용자가 많지 않을 것이라 생각했어요. 미국의 유료 방송은 월 이용 금액이 10만 원을 훌쩍 넘다 보니 유료 방송 가입자가 기존 가입을 해지하고 OTT인 넷플릭스로 넘어가는 사례가 많았습니다. 이를 '코드커팅(cord-cutting)'이라고 해요. 미디어 전문가들은 한국에서는 유료 방송이 만 원 내외로 저렴하니 별도로 구독료를 내고 넷플릭스로 옮기거나 추가로 서비스를 이용하지는 않을 것이라 판단했습니다.

> • **코드커팅(cord-cutting)**이란 직역하면 '선을 끊는다'라는 의미로 시청자들이 케이블 방송, 위성 방송 등 기존의 유료 유선 방송을 해지하고 인터넷 TV나 OTT 등과 같이 새롭게 등장한 온라인 플랫폼으로 이동하는 현상을 표현한 용어입니다. 우리나라에서도 TV 시청 감소와 OTT 오리지널 콘텐츠의 약진 등을 이유로 코드커팅을 고려하는 이용자의 비율이 점차 많아지고 있다고 합니다.

그러나 넷플릭스는 한국에 정착하기 위해 국내 맞춤형 콘텐츠로 이용자들에게 다가가기 시작했습니다. 2017년 봉준호 감독의 영화〈옥자〉를 독점 공개했고요, 2019년에는 한국형 좀비 사극이라는 타이틀로 장르물의 대가 김은희 작가를 내세운 드라마〈킹덤〉을 제작해 국내뿐 아니라 해외 이용자

■ 넷플릭스 영화〈옥자〉

■ 넷플릭스 드라마〈킹덤〉

들을 확보했습니다. 이후〈인간수업〉,〈스위트홈〉,〈지금 우리 학교는〉,〈오징어게임〉,〈더 글로리〉 등 'K-콘텐츠'의 힘을 보여준 흥행작들이 연달아 나오면서 미디어 시장에서 화제가 되었습니다.

2023년 6월, 넷플릭스의 공동 CEO인 테드 서랜도스는 한국을 방문해 "넷플릭스 내 한국 콘텐츠 시청 수가 지난 4년간 6배 증가하고 90% 이상의 K-로맨스 시청 수가 한국 외 국가에서 발생했다"고 발표하기도 했어요. 넷플릭스는 앞으로도 한국 작품 제작과 유통에 꾸준히 투자하고 한국의 창작가들을 발굴하겠다고 하니 국내 OTT 시장에서 넷플릭스의 독주는 계속될 것 같습니다.

넷플릭스는 현재도 계속해서 다양한 콘텐츠를 생산하고 서비스를 확장하며 성장하고 있습니다. 여러 장르의 영화와 TV 프로그램, 다큐멘터리, 애니메이션 등 다채로운 콘텐츠를 제공하며 전 세계적으로 많은 이용자 수를 확보하고 있죠. 미디어 산업을 연구하는 전문가들은 넷플릭스가 글로벌 시장에서 우위를 선점할 수 있었던 이유가 각 지역에 맞는 콘텐츠 전략을 세웠기 때문이라고 말합니다. 해당 국가의 콘텐츠 제작자들과 파트너십을 확대하며 지역색을 잘 살린 영상을 만들고 각국의 시장 변화에 능동적으로 대응했다라고 말이죠.

OTT 시장에서 넷플릭스의 위치

그렇다면 넷플릭스가 OTT 시장의 선두 주자이자 대표 선수로 불리는 이유는 무엇일까요? 넷플릭스의 저력은 어디에서 나오는지 OTT 이용자로서 알아둘 필요가 있겠습니다. 모두가 인정하는 넷플릭스의 장점 세 가지만 짚어보도록 하죠.

첫째, 넷플릭스는 광범위한 글로벌 서비스를 제공합니다. 넷플릭스는 전 세계 190개 이상의 국가에서 서비스를 제공하고 있어요. 이는 국제적으로 다양한 시장에서 넷플릭스가 강력한 영향력을 행사할 수 있음을 의미합니다.

둘째, 오리지널 콘텐츠 제작을 확대하고 있습니다. 넷

플릭스는 매년 많은 오리지널 콘텐츠를 제작하고 있으며, 시간이 쌓이며 독자적인 콘텐츠 라이브러리를 보유할 수 있게 되었어요. 자신만의 고유한 콘텐츠를 제공하며 사용자들에게 탁월한 시청 경험을 제공하는 것이 넷플릭스의 차별화 전략이 되고 있습니다.

셋째, 개인화 추천 알고리즘을 적극 활용하고 있습니다. 넷플릭스는 사용자들의 시청 기록, 평가, 관심사 등을 분석해 개인화된 콘텐츠 추천을 제공하는 강력한 알고리즘을 가지고 있어요. 이러한 기술로 바탕으로 OTT 사용자들이 자신에게 더욱 맞춤화된 콘텐츠를 볼 수 있게 되었습니다.

OTT 이용자로서 우리가 좀 더 살펴봐야 하는 전략이 바로 '개인화 추천 알고리즘'인데요. 넷플릭스의 개인화 추천 알고리즘은 사용자별로 최적화된 콘텐츠를 제공하는 데 중요한 역할을 합니다. 그럼 넷플릭스의 개인화 추천 알고리즘이 어떤 단계를 거쳐 작동되는지 한번 알아볼까요.

1단계. 콘텐츠 평가 및 시청 기록

넷플릭스는 사용자가 시청한 콘텐츠에 대한 평가와 시청 기록을 수집합니다. 이를 통해 알고리즘은 사용자의 취향과 관심사를 파악하고, 비슷한 유형의 콘텐츠를 추천합니다. 예를 들어, 사용자가 특정 장르의 영화를 자주 시청하거나 높은 평가를 한다면 해당 장르의 유사한 콘텐츠를 추천할 수 있어요.

2단계. 협업 필터링

넷플릭스의 알고리즘은 협업 필터링(Collaborative Filtering) 기법을 사용하여 사용자들 간의 유사성을 파악합니다. 사용자가 비슷한 콘텐츠를 시청했거나 유사한 평가를 했다면, 그들에게도 유사한 콘텐츠를 추천할 수 있어요. 넷플릭스는 대규모의 사용자 데이터를 기반으로 다양한 이용자 프로필을 분석한 후, 비슷한 취향을 가진 사용자들끼리 그룹화하여 콘텐츠 추천을 제공합니다.

3단계. 콘텐츠 메타데이터 분석

넷플릭스는 콘텐츠의 메타데이터(예: 장르, 감독, 배우 등)를 분석하여 추천에 활용합니다. 예를 들어, 사용자가 특정 배우의 영화를 좋아한다면, 해당 배우가 출연한 다른 영화를 추천할 수 있습니다. 이러한 메타데이터 분석은 사용자의 취향과 콘텐츠의 특징을 연결시켜 더 정확한 추천을 가능케 합니다.

넷플릭스의 개인화 추천 알고리즘은 지속적인 학습과 개선을 거칩니다. 사용자들의 피드백과 동작 데이터를 기반으로 알고리즘은 계속해서 효율적으로 변하고 있어요. 그리고 사용자가 OTT 서비스를 경험하며 느끼는 만족감을 향상시키기 위해 지금 이 시각에도 다양한 실험과 테스트를 진행하고 있다고 합니다. 이런 기술은 개인의 취향과 관심사에 따라 안성맞춤의 콘텐츠를 제공한다는 OTT 서비스의 핵심 전략이 되었습니다.

하지만 이런 편리함 뒤에는 어두운 부분이 있으니, 이용자로서 우리가 꼭 염두에 두어야 하는데요. 넷플릭스의 추천 알고리즘은 사용자의 이전 시청 기록과 관련된 콘텐츠를 기반으로 추천을 제공하죠. 사용자들을 자신의 선호나 관심사와 유사한 콘텐츠로 한정시킬 수 있습니다. 다시 말하면 사용자가 다양한 시각과 새로운 콘텐츠를 발견할 기회가 줄어들 수 있다는 말입니다.

물론 이것은 넷플릭스와 같은 개인화 추천 알고리즘을 사용하는 다른 플랫폼들도 공통적으로 가지고 있는 문제입니다. 이 말은 OTT 서비스를 이용할 때 다양한 콘텐츠를 탐색하며 새로운 시청 경험을 추구하기 위해 개인의 노력이 필수라는 뜻이기도 합니다. 나에게 맞는 콘텐츠를 선택하는 방법에 대해서는 9장에서 좀 더 자세하게 알아보기로 해요.

4장.
유튜브가 OTT란 사실, 나만 몰랐어?

다른 친구네처럼 OTT를 구독하자는 아들의 끈질긴 요구에 못 이겨 지후 엄마는 가족회의를 열었습니다. 엄마가 알아보니 OTT도 종류가 한, 두 가지가 아니었어요. 이왕이면 온 가족이 이용할 수 있는 OTT 서비스를 선택하기 위해 구성원들의 의견을 모으기로 했죠. 그런데 중학생인 아들, 고등학생인 딸, 그리고 아빠가 원하는 OTT 플랫폼이 다 달랐습니다. 축구를 좋아하는 아빠는 스포츠 경기를 생중계해 준다는 쿠팡플레이를, 지후는 마블 영화를 봐야 한다며 디즈니플러스를, 지후 누나는 화제가 된 연애 리얼리티 프로그램을 봐야 한다며 티빙을 보자고 말합니다. 얘기를 듣다 머리가 아파진 엄마는 유튜브에서 하이라이트 영상을 다 공짜로 볼 수 있다고 말했습니다. 그랬더니 가족들은 유튜브와 OTT는 다르다며 성화입니다. 결국 지후네는 아무것도 결정하지 못하고 가족회의를 마쳐야 했습니다.

OTT 서비스의 유형

앞서 우리 국민이 가장 즐겨 쓰는 OTT 서비스 1, 2위가 유튜브와 넷플릭스로 나타났다는 이야기 기억나시나요? OTT 서비스의 대표주자로 넷플릭스를 꼽는 데에 이의를 제기하는 사람은 없을 겁니다. 그런데 유튜브도 OTT 서비스에 속한다고 말하면 의아한 사람들도 있을 거예요. 우리가 흔히 OTT 서비스라고 하면 넷플릭스나 디즈니플러스, 티빙이나 웨이브 같은 플랫폼을 떠올리기 쉽죠. 방금 언급한 OTT 서비스들은 공통점이 있습니다. 한 달에 얼마씩, 혹은 콘텐츠 한 편당 일정 비용을 지불해야 영상을 볼 수 있는 이른바 '구독형 서비스'이기 때문입니다. 그렇다면 지금부터 이들과 달라 보이는 유튜브가 OTT 서비스로 불리는 이유가 무엇인지 차근차근 설명해 드리겠습니다.

    혹시 '구독 경제'란 말 들어보셨나요? 옛날에는 집이나 사무실에서 신문이나 잡지를 정기적으로 받아 보던 일이 흔했는데요. 신문을 구독하는 것처럼 일정 기간 비용을 지불하고 상품, 서비스 등을 받을 수 있는 경제활동을 말합니다. 바로 이 '구독' 여부에 따라 OTT 서비스를 분류할 수 있습니다. OTT 서비스가 구독 유형별로 어떻게 나뉘는지 한번 알아볼까요?

먼저 유료 구독 서비스 유형입니다. 대부분의 OTT 서비스는 유료 구독 서비스 형태로 운영되고 있어요. 이 경우, 이용자는 월별 또는 연간 구독료를 지불하고 서비스를 이용할 수 있습니다. 유료 구독 서비스를 통해 다양한 콘텐츠에 접근하고, 고품질의 스트리밍, 다양한 장치에서의 이용, 개인화 추천 등의 혜택을 받을 수 있죠. 바로 넷플릭스나 디즈니 플러스, 티빙, 웨이브 등이 유료 구독 서비스로 유명한 사례입니다.

다음으로는 광고를 기반으로 한 무료 서비스 유형이 있습니다. 일부 OTT 서비스는 광고를 통해 수익을 얻고, 그 대신 콘텐츠를 무료로 제공하는 방식을 채택하고 있어요. 광고 기반 무료 서비스는 이용자가 광고를 시청하면 요금 없이 콘텐츠를 볼 수 있는 장점이 있습니다. 하지만 광고로 인해 시청 경험이 중간에 방해받을 수도 있겠죠? 유튜브가 바로 광고 기반 무료 서비스의 대표적인 예입니다. 만약 영상을 볼 때마다 광고까지 보는 것이 번거롭게 느껴진다면 '유튜브 프리미엄'과 같은 유료 구독 서비스로 전환할 수 있습니다.

　마지막으로는 하이브리드 모델 유형이 있습니다. 일부 OTT 서비스는 유료 구독과 광고 기반 모델을 혼합한 하이브리드 모델을 사용하고 있어요. 이 경우 유료 구독자는 광고 없는 프리미엄 콘텐츠를 이용하고, 무료 사용자는 광고를 시청하면서 콘텐츠를 이용할 수 있습니다.

OTT로서 유튜브의 장점

이제 구독 유형별로 OTT 서비스가 나누어질 수 있다는 사실을 알았으니, 나에게 혹은 우리 가족에게 적합한 OTT를 선택할 때는 자신의 용도와 상황에 따라 고르는 것이 어떨까요? 유료 구독을 선호하는지, 광고를 감수하고 무료로 이용하는 것이 더 낫다고 보는지 잘 따져서 선택하면 좋습니다. 그런 의미에서 OTT 서비스로서 유튜브가 가진 장점을 한 번 더 체크해 보겠습니다.

　먼저 유튜브는 인터넷을 통해 사용자들에게 비디오 콘텐츠를 제공하는 서비스입니다. 이용자들은 언제 어디서나 인터넷에 연결된 기기를 통해 유튜브에 접속하여 콘텐츠를 시청할 수 있어요. 유튜브 역시 온디맨드 방식으로 콘텐츠를 제공합니다. 이용자들이 원하는 시간에 원하는 콘텐츠를 선택해 원하는 양만큼 영상을 시청할 수 있다는 것을 의미하죠.

유튜브는 다양한 콘텐츠를 제공한다는 점에서도 다른 OTT 플랫폼들을 압도합니다. 그 이유는 유튜브에는 개인들이 업로드한 영상물들이 상당 부분 포함되어 있기 때문입니다. 그뿐인가요? 기업, 미디어, 크리에이터 등 다양한 출처로부터 제작된 콘텐츠들을 모두 담아냅니다. 이용자들은 콘텐츠 소비자가 되어 기호에 맞는 비디오를 볼 수도 있지만 언제든 생산자가 되어 직접 만든 콘텐츠를 내놓을 수도 있습니다.

다른 OTT 서비스와 차별화되는 유튜브의 특성 중 또 하나는 이용자 참여와 상호작용이 활발하다는 것입니다. 이용자들은 비디오에 댓글을 작성하고 '좋아요'를 누르며, 구독자로 등록하여 새로운 콘텐츠 업데이트를 받을 수 있어요. 창작자에게 콘텐츠에 대한 의견을 직접 전달할 수 있고 다른 이용자들과 소통할 수도 있습니다.

이러한 장점과 차별성을 바탕으로 유튜브는 현재 전

세계적으로 수억 명 이상의 사용자를 보유하고 있는데요. 많은 사람들이 유튜브를 이용해 다양한 영상을 시청하고, 참여하며, 공유하고 있다는 뜻이죠. 그만큼 유튜브에는 유익한 콘텐츠도 셀 수 없이 많이 존재하지만 반대로 청소년이 주의 깊게 시청해야 할 콘텐츠도 많은 것이 사실입니다. 이럴 때 유튜브라는 바다에서 청소년이 길을 잃지 않도록 항해의 안내자가 되어 줄 어른이 필요하지 않을까요? 그럼 지금부터 보호자가 안내해야 할 유튜브 이용법을 하나씩 짚어보도록 하죠.

보호자가 알아야 할 청소년의 유튜브 이용법

첫째, 콘텐츠 필터링 및 보호 기능을 활용하세요. 유튜브는 어린이와 청소년 보호를 위해 보호자가 콘텐츠를 필터링할 수 있는 기능을 제공하고 있습니다. 만약 아이들이 유튜브를 보고 싶다고 말한다면, 보호자가 옆에 없을 때에도 연령에 맞는 적절한 콘텐츠를 보도록 이러한 기능을 이해하고 설정해야 합니다.

둘째, 유해 콘텐츠에 대한 대처 방법을 알아두어야 합

니다. 일부 유튜브 콘텐츠는 청소년에게 부적절하거나 유해할 수 있습니다. 아이들이 유해한 영상에 노출되는 상황을 발견했다면 지체 없이 대처 방법을 찾아야 하는데요. 유튜브 앱상에서 신고 기능을 사용하거나 콘텐츠 필터링 설정을 더 세밀히 조정하여 이러한 콘텐츠를 차단할 수 있습니다.

셋째, 콘텐츠 시간제한 설정 기능을 이용하세요. 유튜브는 중독성이 강한 플랫폼일 수 있습니다. 보호자는 청소년이 유튜브에 소비하는 시간을 관리하고 싶다면, 콘텐츠 시간제한을 설정하거나 화면 시간을 제어하는 방법을 알아야 합니다.

위에서 소개한 세 가지 방법은 유튜브의 기술적 기능을 사용하는 것으로 청소년의 미디어 이용을 관리하는 가장 쉬운 방법입니다. 하지만 이런 조치들을 했다고 안심하고 있어서는 안 됩니다. 세 가지 기능들을 익히는 것과 함께, 청소년이 어떤 유튜브 영상을 많이 보고 좋아하는지 관찰하여 내용을 자세히 파악할 필요가 있어요.

물론 유튜브 이용을 조절하고 통제하기 힘든 유아동들은 최대한 영상 시청을 차단하는 것이 가장 좋은 방법입니다. 하지만 아이들이 커가면서 가정이나 학교 밖에서 유튜브 이용을 완전히 차단하는 것은 현실적으로 어렵다는 사실을 깨닫게 되죠. 그럴 때에는 어린이와 청소년의 유튜브 시청을 모른 척하거나 엄하게 꾸짖을 것이 아니라 미디어 이용에 대해 가족이 소통하는 기회로 삼아야 합니다. 유튜브 사용을 통제하려고만 든다면 아이들은 보호자 몰래 미디어를 이용하는 경험이 오히려 더 늘어날 수 있어요.

보호자가 먼저 다가가 유튜브에서 이미 봤거나 보고 싶은 콘텐츠에 대해 청소년의 의견을 묻고, 그 의견에 대해 평가하거나 비난하기보다는 존중하는 자세로 대화를 이어가 보세요. 그러다 영상에서 부정적인 영향을 줄 만한 요소를 발견했다면 그 내용에 대해 무엇이 나쁘고 위험한지 차근차근 설명해 주면 됩니다. 이 과정에서 청소년은 자신의 미디어 이용을 어른들이 지지해 준다고 느끼게 됩니다. 어른들이 믿는 만큼 스스로 부적절한 콘텐츠는 선택하지 않아야겠다고 생각하며 좋은 영상을 고르는 비판적 사고력을 키울 수 있어요.

보호자 입장에서는 유해성을 포함하고 있는 유튜브

시청을 처음부터 금지하는 것이 최선책이라고 여길 수 있습니다. 하지만 이러한 차단이나 제한에는 분명 한계가 있습니다. 그러니 어른들이 청소년의 유튜브 이용에 관심을 갖고 지켜본 후, 각자의 특성에 맞는 적정한 한계와 규칙을 정해주시기 바랍니다. 기술적 제한과 더불어 청소년이 스스로 책임감을 갖고 유튜브를 시청하도록 유도하는 것이 장기적으로도 효과적인 미디어 이용 방법이 아닐까요.

● OTT 곁에서 도란도란!

▶ 유튜브의 시청 중단 시간 알림 사용법을 알아볼까요?

유튜브는 사용자들이 자신의 시청 시간을 관리하고 제한할 수 있는 '시청 중단 시간 알림' 기능을 제공합니다. 이 기능을 사용하여 원하는 시간 동안 유튜브를 이용하거나 특정 시각에 알림을 받을 수 있습니다. 아래는 유튜브의 시청 중단 시간 알림 기능을 사용하는 방법에 대한 설명이니 따라 해봅시다.

① 유튜브 앱 열기 : 모바일 기기에서는 유튜브 앱을 열어야 합니다. 웹 브라우저에서는 시간 제한 설정 기능을 사용할 수 없습니다.

② 설정 메뉴로 이동 : 유튜브 앱을 열었다면 우측 하단에 있는 프로필 아이콘을 탭하여 드롭다운 메뉴를 엽니다. 드롭다운 메뉴에서 "설정"을 선택합니다.

③ "일반" 탭 선택 : 설정 메뉴로 이동하였으면, 여기서 "일반" 탭을 찾아 선택합니다.

④ 시청 중단 시간 알림 : "시청 중단 시간 알림" 탭을 선택하면 '분'과 '시' 단위로 알림을 설정할 수 있는 화면이 표시됩니다.

⑤ 알림 빈도 설정 : 알림 빈도 설정 화면에서 원하는 시간으로 알림을 설정할 수 있습니다. 이 기능을 사용하면 유튜브를 보기 시작한 후 사용자가 설정한 시간이 지나면 자동으로 알림 메시지가 뜨고,

이때 아무런 동작이 없다면 모바일 화면이 꺼지게 됩니다.
⑥ 취침 시간 알림 설정 : "일반" 탭을 선택 후 "취침 시간 알림" 기능을 설정할 수도 있습니다. 취침 시간 알림을 활성화하면 시작 시간과 종료 시간을 정할 수 있습니다. 시작 시간과 종료 시간을 15분 단위로 설정한 후 동영상 시청을 완료할 때 알림 표시 여부를 체크해 줍니다. 그리고 아래 "확인" 문구를 누르면 설정이 완료됩니다. "시청 중단 시간 알림" 기능과 비슷하지만 사용자가 특정 시각을 설정할 수 있다는 점에서 차이가 있습니다.

▶ 유튜브의 콘텐츠 필터링 및 보호 기능 사용법을 살펴볼까요?

유튜브는 사용자들이 콘텐츠를 더 안전하게 즐길 수 있도록 다양한 콘텐츠 필터링 및 보호 기능을 제공합니다. 다음은 유튜브에서 콘텐츠 필터링 및 보호 기능을 사용하는 방법에 대한 자세한 설명입니다.

① 성인 콘텐츠 제한 : 유튜브는 성인 콘텐츠를 제한하기 위해 "제한 모드"라는 기능을 제공합니다. 이 기능을 활성화하면 성인 콘텐츠가 거의 표시되지 않습니다. 제한 모드를 사용하려면 다음 단계를

따릅니다.
- 유튜브 웹사이트에 접속하거나 앱을 엽니다.
- 로그인한 후 모바일의 경우는 우측 하단, 태블릿 PC 등은 우측 상단에 있는 프로필 아이콘을 클릭합니다.
- 드롭다운 메뉴에서 "설정"을 선택합니다.
- "일반" 탭으로 이동해 "제한 모드" 옵션을 찾아 활성화합니다.
- 변경 사항을 저장합니다.

② 콘텐츠 신고 : 유튜브에서는 사용자들이 부적절한 콘텐츠를 발견하면 신고할 수 있는 기능을 제공합니다. 부적절한 콘텐츠를 발견하면 해당 비디오 우측 상단에 있는 "설정"을 선택한 후, 아래에 나타나는 메뉴 중 "신고" 버튼을 클릭하고, 신고 유형을 선택하여 콘텐츠 신고를 할 수 있습니다.

③ 부모 관리 기능 : 유튜브는 부모가 자녀들의 콘텐츠 경험을 관리할 수 있는 "유튜브 키즈" 앱과 기능을 제공합니다. 이 앱은 어린이들을 위한 안전한 콘텐츠를 제공하고, 부모들은 자녀들의 시청 환경을 관리하고 콘텐츠 제한을 설정할 수 있습니다. 자녀의 연령대를 입력하여 나이에 맞는 콘텐츠를 제공받을 수 있고, 보호자가 직접 콘텐츠를 골라 승인할 수도 있습니다.

▶ **어린이, 청소년과 유튜브를 시청하며 어떤 대화를 나누어야 할까요?**

주말과 같이 보호자와 청소년이 함께 시간을 보낼 때를 이용해 유튜브를 시청하거나 청소년 혼자 본 유튜브 내용에 대해 먼저 질문해 보세요. 자연스러운 대화와 토론을 통한 상호작용으로 청소년에게 미디어에 대한 비판적 사고력을 길러줄 수 있습니다. 아래는 유튜브에서 콘텐츠를 이용하며 가족 간 소통을 이어갈 수 있는 내용을 정리했습니다.

① 청소년이 해당 유튜브 영상을 선택한 이유를 질문해 주세요.
② 청소년이 유튜브 영상의 내용 중 이해하지 못하는 부분이 있는지 물어본 후 이해하기 쉽게 설명해 줍니다.
③ 영상에서 등장하는 인물의 행동이 좋아 보이거나 나빠 보인다면 그렇게 평가하는 이유가 무엇인지 대화를 나누어 봅니다.
④ 영상에 등장하는 인물의 말과 행동 속에 숨은 의도나 메시지가 있는지 찾아보고, 왜 그렇게 생각하는지 이야기를 나눠봅니다.
⑤ 영상을 다 본 후 느낀 것이나 의미를 구체적으로 질문해 봅니다.

2부 ▶▶

OTT 콘텐츠 분석하기

5장.
몰아본다고 뮤가 달라져?

여름방학이 얼마 남지 않은 수민이는 요즘 하루가 참 느리게 가는 것 같습니다. 초등학생 때는 틈틈이 좋아하는 애니메이션을 볼 시간이 있었는데, 중학생이 되고 보니 주말에도 학원 가랴, 밀린 숙제 하랴 정신이 없어 OTT를 볼 시간이 영 나지 않습니다. 마침 기다리던 애니메이션 시리즈의 시즌 2가 공개되었다는데, 이야기 흐름에 막힘없이 보려면 아무래도 방학까지 기다려야 할 모양이에요. 하루는 여름휴가를 맞아 놀러 온 고모가 휴가 동안 만화책만 볼 계획이라며 책을 방 한가득 쌓아두고 있었어요. 고모도 학창 시절, 방학과 시험이 끝나는 날만 기다렸다고 말합니다. 밤을 꼬박 새워 만화책을 읽을 수 있다는 사실에 혹은 스스로 읽고 싶은 만큼 읽으면 된다는 생각에 해방감과 자유로움을 느꼈다고 해요. 그러고 보니 수민이가 OTT 애니메이션을 몰아보기하고 싶은 마음과 비슷해서 고개가 끄덕여집니다.

OTT 서비스가 바꾼 영상 소비 방식

주말이나 연휴 계획을 물으면 미뤄두었던 드라마를 정주행하거나 인기 작품의 시리즈를 몰아보겠다고 답하는 사람들이 늘었습니다. 코로나19가 한창이던 시기, 명절이 되어도 고향에 내려갈 수 없고 집에 머무는 시간이 길어지며 OTT 서비스에서 관심 있는 콘텐츠를 한 번에 이어서 보는 현상이 유행했어요. 이를 '몰아보기(binge-viewing)라고 합니다. '몰아보기'의 영문 표기인 'binge-viewing'이 학술적으로 인정을 받은 것은 2013년도 영국의 옥스퍼드 사전이 뽑은 '올해의 단어' 후보가 된 이후라고 할 수 있습니다. 이제 몰아보기란 말은 미디어 소비 패턴의 변화를 상징하는 단어가 됐습니다. 몰아보기는 몇 개의 연속적인 에피소드나 여러 프로그램의 시즌을 한자리에서 이어 보는 방식으로 이해할 수 있습니다.

한 조사에 따르면 넷플릭스를 이용하는 사람의 10명 중 9명이 몰아보기를 해본 적이 있다고 답했는데요. 젊은 세대일수록 몰아보기를 자주 하는 것으로 나타났습니다. 이제는 문화 현상이 된 몰아보기를 유도한 것이 바로 넷플릭스예요. 넷플릭스는 일정한 간격을 두고 한 편씩 공개하던 기존의 영상 콘텐츠 제공 방식에서 벗어나 자사의 오리지널 드라마를 시리즈로 사전제작하며 전편을 한꺼번에 모두 공개하는 '일괄 출시(all-at-once release)' 전략을 2013년 처음 선보였습니다.

넷플릭스가 시리즈 전체 에피소드를 동시에 출시한 사례는 〈하우스 오브 카드(House of Cards)〉라는 드라마의 첫 시즌을 공개하면서부터입니다. 이 드라마는 하나의 시즌에 에피소드 13편이 포함되었는데요. 넷플릭스는 이를 동시에 개봉한 것이죠. 이후 2014년 2월에는 〈하우스 오브 카드(House of Cards) 시즌 2〉를, 6월에는 〈오렌지 이즈 더 뉴 블랙(Orange Is the New Black) 시즌 2〉를 전 에피소드를 공개하는 전략으로 선보입니다. 당시 넷플릭스의 시즌 전편 동시 출시는 파격적이란 평가를 받았어요. 보통 미국 드라마가 일주일 단위로 방영하고, 온디맨드(on-demand) 비디오도 현재

- 넷플릭스 드라마 〈하우스 오브 카드〉

- 넷플릭스 드라마 〈오렌지 이즈 더 뉴 블랙 시즌2〉

방영 중인 시즌은 일부만 제공하는 것이 일반적이었기 때문입니다.

넷플릭스는 왜 이런 과감한 선택을 했을까요? 넷플릭스의 CEO인 리드 헤이스팅스는 자신들이 제작한 콘텐츠의 시리즈를 한 번에 출시하는 이유에 대해 "소비자들은 점점 더 컨트롤을 원할 것이란 것이다. 그들은 자유를 원한다."라고 말했어요. 사람들이 몰아보기 자체를 좋아한다기보다 자신이 언제, 어디서부터 스토리를 이어갈지 선택할 수 있는 자율성 때문에 몰아보기의 시청 방식을 선호할 것이라고 예측했습니다.

단순히 몰아보기를 하는 시청자 수가 많아졌다라며 대수롭지 않게 넘기기에는 이 현상에 담긴 숨은 의미가 많은데요. OTT 서비스를 제공하는 기업들이 소비자에게 영상 시청의 선택권과 자율성을 주려는 의도가 무엇인지 생각해 볼 필요가 있습니다. 일괄출시로 인해 몰아보기가 가능해졌다는 말은 콘텐츠를 소비하는 방식의 주도권이 시청자에게 넘어왔다는 뜻으로 해석할 수 있습니다.

기존 방송국 시스템에서는 편성● 과정이 중요했고 그래서 어떤 요일, 어떤 시간대에 프로그램을 끼워 넣을 것

> • 편성(programming)이란 한 방송사 또는 특정 채널에서 여러 프로그램의 시간표를 짜는 일이에요. 방송사나 채널이 각자의 목적을 달성하기 위해 운용하는 프로그램 계획이나 전략, 정책의 결과물이라 할 수 있죠. 편성은 시청자들의 생활 패턴과 시간대별 주 시청층의 성향을 고려하여 프로그램의 종류와 주제, 방송 형식과 길이 등을 정하게 됩니다.

인가 결정하는 방송국의 전략이 중요했습니다. 방송사 혹은 채널별로 하나의 편성표가 존재하니 시청자는 이 편성표의 방송 순서를 따라야 했어요. 하지만 지금은 달라졌습니다. 이제 OTT 서비스를 이용하게 된 시청자는 자신이 사용하는 OTT 앱을 열면 가상공간에 일목요연하게 배치된 콘텐츠들을 만날 수 있어요. 온에어 시간을 개인의 스케줄 중 콘텐츠를 보고 싶은 때로 직접 고르고, 보고 싶은 양만큼 영상을 시청할 수 있습니다. OTT 서비스를 이용하면서 우리는 나만의 편성표를 짤 수 있게 된 셈이죠. 이제 영상 콘텐츠 소비를 방송사가 이끄는 대로 따라가는 '수동적인 시청'이 아니라 내가 시청 시간과 공간을 정하고 주도하는 '능동적인 재생'의 방식으로 영상을 소비하게 되었다고 말할 수 있겠습니다.

몰아보기를 향한 기대와 우려

그런데 OTT 서비스 이용자의 콘텐츠 몰아보기 경험이 미디어 소비의 자율성을 높이는 긍정적 결과만 가져 올까요? 넷플릭스에 이어 후발주자 OTT 서비스들이 따르고 있는 일괄출시 전략은 결국 치열한 미디어 시장에서 한 명의 소비자라도 더 확보하기 위한 전략이란 점을 잊지 말아야 합니다.

예전에 텔레비전에서 방송되는 연속극을 시청할 때 우리는 방송국의 편성에 온전히 시청 스케줄을 맞추어야 했습니다. 하지만 OTT 서비스에서 제공되는 콘텐츠를 볼 때는 시간과 공간, 그리고 콘텐츠 선택권이라는 공이 이용자에게 넘어옵니다. 이때 시리즈의 에피소드가 모두 공개된 콘텐츠의 경우 전체 회차를 한 번에 모두 볼 수 있게 되었지요? 드라마를 몰입해 보다 보니 어느새 밤을 새워 마지막 화까지 봤다며 피로를 호소하는 사람들이 주위에 적지 않습니다. SNS에서 누군가 드라마의 결말을 얘기하면 나도 그 드라마를 끝까지 봐야 한다는 생각에 게임하듯 영상을 시청하기도 하죠. '몰아보기'는 이용자들이 드라마에 더 몰입하게 만들어 시청을 끊을 수 없게 합니다.

실제 OTT 서비스들은 이용자의 몰아보기를 돕기 위해 플랫폼에서 여러 장치들을 숨겨놓고 있습니다. 각 OTT 서비스를 이용하다 보면 '다음 회 이어보기', '전회 요약분 건너뛰기', '오프닝 건너뛰기' 등과 같은 메시지가 뜨고, 이를 클릭만 하면 바로 다음 화의 이야기로 이어지는 소소하지만 유용한 기능들을 만납니다. 대부분의 OTT 서비스에는 영상의 재생 속도를 원하는 대로 설정할 수 있는 '빨리 감기'와 10초 앞으로 건너뛰어 재생할 수 있는 '건너뛰기' 기능도 탑재돼 있어 몰아보기를 부추깁니다.

우리나라에서 몰아보기가 대표적인 문화 현상으로 자리 잡은 것은 팬데믹 때라고 할 수 있어요. 집에 머무는 시간이 많아지고, 명절이나 휴가철에도 외부에 나갈 수 없으니 그동안 보고 싶었던 콘텐츠를 몰아보기에 더욱 좋은 조건이 되었죠. 그런데 넷플릭스가 팬데믹 이전에 실시한 설문조사에서 이미 이용자의 61%가 에피소드를 한꺼번에 시청한 경험이 있다고 하니 지금은 몰아보기를 해본 적 없는 OTT 이용자를 찾는 것이 더 어렵지 않을까요?

과유불급이라는 말이 있잖아요. 아무리 맛있고 몸에 좋은 음식도 과식을 하거나 한꺼번에 많이 먹는다면 건강을 해칠 수 있듯이, 몰아보기도 그 정도가 심하면 부작용을 낳을 수 있습니다. 몰아보기 때문에 매주 한 회씩 방송된다면 보지 않을지 모르는 TV 드라마까지 중독성이 생긴다고 비판하는 전문가들도 있습니다. 몰아보기를 통해 줄거리가 그다지 짜임새 없어도 한번 보기 시작했으니 끝까지 관성적으로 보게 된다는 말입니다. 몰아보기의 'binge-viewing'에서 'binge'는 폭식을 뜻하는데요. 과잉, 중독, 게으름이란 뜻도 내포하고 있다고 하니 이런 주장이 괜한 걱정은 아닌 듯합니다.

실제 SNS나 커뮤니티에서는 OTT 서비스에 새로 출시되는 콘텐츠의 시리즈를 자랑하듯 그날 모두 시청했음을 과시하는 메시지를 쉽게 찾아볼 수 있습니다. 최근에는 시즌 공개일에 시즌 전체를 몰아보는 '빈지레이스(binge race)'란 말이 나올 정도로 그 강도가 세지는 추세입니다.

몰아보기가 가져오는 부작용은 한창 자라나는 청소

년에게는 더 크게 다가오는데요. 너무 OTT 시청에만 매달리다 보면 가족이나 친구 같은 타인과의 관계가 소홀해질 수 있습니다. 그리고 몇몇 연구에서는 몰아보기가 우리의 뇌나 감정에 부정적 영향을 미친다고 주장하기도 합니다. 드라마 시리즈를 한꺼번에 보고 난 후에는 일종의 상실감이나 허무감을 느끼며 일시적이지만 '상황적 우울증'을 경험하는 사례도 종종 있다고 해요. 상황적 우울증은 만성 우울증과 비교해 상대적으로 짧고 가벼운 우울증을 말합니다. 하버드 의과대학 연구진은 하루 4시간 이상 TV 앞에 앉아 있으면, 수면무호흡증 발병과 이로 인한 코골이 등이 발생할 위험이 78% 증가한다는 연구 결과를 내놓기도 했습니다.

그러니 OTT 콘텐츠의 몰아보기 경험이 이용자에게 선택권을 넘겨줬다며 반길 수만은 없습니다. 특히 청소년의 경우, 일찍부터 미디어 이용 습관을 점검하고 스스로 통제할 수 있는 힘을 기르게 해주어야 해요. 알람을 설정해 한 번에 OTT를 보는 시간을 제한하거나 시청할 에피소드 횟수를 미리 정해놓는 것이 좋습니다. 그리고 OTT를 이용할 때에는 침대나 소파에 기대어 영상을 본

다거나 너무 어두운 곳에서 장시간 TV나 스마트폰을 시청하지 않도록 해서 아이들의 몸과 마음의 건강 모두 챙겨야겠습니다.

6장.
OTT 콘텐츠, 왜 더 자극적이야?

평소 책을 좋아하는 열일곱 살 주안이는 시간이 나면 서점에 들릅니다. 주안이는 특히 소설 읽기를 좋아하는데요. 아직 아무에게도 말하지 않았지만 기회가 되면 언젠가 소설 한 편을 써서 작가가 되고 싶은 꿈도 있습니다. 주안이가 다른 장르보다 소설을 좋아하는 이유는 작가가 상상력을 마음껏 펼쳐 자신만의 세계관을 만들고 개성 있는 캐릭터들을 창조할 수 있기 때문입니다. 그런데 베스트셀러 코너에 놓인 책들을 보며 주안이는 요즘 또 다른 관심 분야가 생겼어요. 'OTT 드라마의 원작 소설', 'OTT 오리지널 영화 대본집'과 같은 수식어가 붙은 책 표지들을 보고 OTT 콘텐츠도 꽤 매력적으로 느껴집니다. 자신이 좋아하던 작가의 판타지나 SF 소설도 OTT에서 영상화되는 것을 보니 자신의 꿈을 소설가로 한정짓지 말아야겠다는 결심도 하게 되었습니다.

OTT 경쟁력은 결국 콘텐츠

넷플릭스가 OTT 시장을 선점한 이후, 2019년부터는 디즈니와 애플같이 이름만 들어도 알만한 글로벌 기업들이 하나, 둘 OTT 시장에 도전장을 내밀기 시작했습니다. OTT 플랫폼을 가진 것이 만화나 드라마를 만드는 콘텐츠 기업, 또는 이를 볼 수 있는 스마트폰과 태블릿, 컴퓨터를 만드는 기업에게도 경쟁력을 키우는 중요한 수단이 된 것입니다. 우리나라 역시 기존에 콘텐츠를 제공하던 왓챠나 웨이브, 티빙뿐만 아니라 유통 기업인 쿠팡까지 OTT 서비스에 가세하면서 OTT 시장이 뜨겁게 달아올랐는데요. OTT 관련 기업들이 시장에서 살아남기 위해 가장 중요한 자원으로 삼는 것이 바로 콘텐츠입니다.

OTT 기업들은 영화나 방송 프로그램의 다시보기를 제공하는 VOD 서비스는 물론, '오리지널 콘텐츠'를 확보하는 데에 중점을 두고 있습니다. 오리지널 콘텐츠란, OTT 플랫폼에서 자체 또는 공동으로 제작하거나 투자하여 독점으로 공급하는 작품을 말합니다. 그럼 오리지널 콘텐츠는 왜 중요할까요? OTT 서비스에서 새로운 가입자를 유치하거나 이미 가입한 이용자들이 서비스를 이탈

하지 못하고 계속 소비하도록 하는 '잠금효과(Lock-in effect)'가 있기 때문입니다.

한국콘텐츠진흥원의 2022년 조사에서도 '볼만한 특정 콘텐츠'는 이용자가 기존 플랫폼을 떠나지 않는 이유 1위이자 다른 플랫폼으로 갈아타는 이유 1위로 나타났습니다. OTT 플랫폼에서 제공하는 콘텐츠가 경쟁력이 있으면 이용자들은 플랫폼을 이탈하지 않는다는 말입니다.

실제 오리지널 콘텐츠가 OTT 가입자 수를 늘이는 데에 기여했다는 사실은 여러 곳에서 발견할 수 있습니다. 〈오징어 게임〉은 넷플릭스 콘텐츠 중 처음으로 83개국 1위를 기록했어요. 2021년 한 해 동안 넷플릭스의 전 세계 신규 가입자는 1,818만 명이었는데요. 〈오징어 게임〉이 흥행한 4분기에만 828만 명이 추가로 유입되었다고 합니다. 쿠팡플레이의 〈안나〉는 2022년 6월 말 첫 스트리밍 이후

■ 넷플릭스 드라마 〈오징어 게임〉

■ 쿠팡플레이 드라마 〈안나〉

이용자 60만 명이 증가하는 효과를 내며 기존 이용자 수 대비 20%가 성장하는 효과를 보여주기도 했습니다.

관심이 가는 콘텐츠를 보기 위해 플랫폼을 이리저리 옮겨 다니는 유목민 유형의 이용자가 점점 늘고 있다고 하니 볼만한 콘텐츠가 끊기지 않도록 경쟁력 있는 작품을 배치하는 일이 OTT 업체들에게 더 중요해 졌습니다.

OTT가 가져온 콘텐츠 제작 환경의 변화

넷플릭스와 같은 글로벌 OTT가 오리지널 콘텐츠 제작에 투자하는 비용은 한국의 평균 드라마 제작비의 네, 다섯 배에 달하는 것으로 알려져 있습니다. 또한 좀처럼 시도하지 않던 장르에 대한 지원, 안정적 제작 환경이 뒷받침되면서 성과가 이어지고 있다는 분석도 있지요. 특히 OTT 플랫폼은 방송과는 달리 창작자들에게 자유로운 제작과 표현의 기회를 제공하는 것으로 유명합니다.

넷플릭스 오리지널 콘텐츠 〈킹덤〉을 만든 김성훈 감독과 김은희 작가는 제작발표회에서 "〈킹덤〉 자체가 넷플릭스라 가능했다 생각한다. 협업하면서 느낀 건 어떤 새로운 시도에 대한 편견, 장애물, 두려움 없이 시도하는 데 끊임없는 지원자이자 우군이 됐던 것 같다"고 말하기도 했습니다.

이러한 자유로움은 콘텐츠 제작자들이 더욱 독창적인 작품을 만들 수 있는 동력이 되고 있는 것이 사실입니다. 기존 텔레비전 방송이나 영화에 비해 내용과 형식에서 여러 제약이 줄어들면서 보다 창의적이고 다양한 작품들이 만들어지고 있죠. 그러나 이에 대해 우려의 시선도 있습니다. 창작자들이 상상력을 마음껏 펼칠 수 있게 지원하면서 영상 표현의 수위도 영화나 방송처럼 한계를 정해두지 않는 편이기 때문입니다.

이를 증명하듯, 국내외 OTT 콘텐츠 5편 가운데 1편 이상은 청소년관람불가 등급 콘텐츠인 것으로 나타났는데요. OTT 서비스 중 유료로 서비스되는 비디오물의 등급분류를 맡고 있는 영상물등급위원회가 발간한 〈2023 영상물 등급분류 연감〉에 따르면, 2020년부터 2022년까지 3년 동안 등급분류 심의를 진행한 OTT 콘텐츠 8,365편 가운데 약 21%(1,763편)가 청소년관람불가 등급을 받았다고 합니다.

OTT 플랫폼은 전 세대와 다양한 관심사를 가진 사람들을 대상으로 하잖아요? OTT 서비스 간 경쟁이 치열해진 탓에 점점 시각적 자극이 강한 콘텐츠를 제공해서 시청자의 관심을 끌려는 것은 아닌지 주의 깊게 볼 필요가 있습니다.

예를 들어 넷플릭스에서 제작된 국내 드라마 시리즈 〈지금 우리 학교는〉은 〈오징어 게임〉에 이어 공개 하루 만에 글로벌 순위 1위를 차지했습니다. 웹툰을 원작으로 한 이 드라마는 한 고등학교에 '좀비 바이러스'가 퍼지면서 위협을 겪는 학생들이 생존하기 위해 고군분투하는 내용을 담고 있습니다. K-드라마의 힘을 보여주는 성공 사례로 볼 수 있지만 〈오징어 게임〉과 같이 극 중 폭력적이고 잔인한 장면들이 과하다는 지적도 많았습니다.

콘텐츠가 점점 자극적이 되는 이유에 대해 시청자들의 욕구를 반영했다는 의견도 있습니다. 실제 한 조사에서는 OTT를 이용해 본 응답자 10명 중 8명이 공중파에서 보기 힘들었던 신선한 소재와 연출의 콘텐츠를 OTT에서 자주 찾아본다고 답했습니다. 응답자의 70.3%는 OTT에서 다루는 콘텐츠가 지상파나 케이블TV에서 다루는 콘텐츠보다 더 리얼하고 현실감이 있다고 느끼고 있었고, 수위가 높은 영상에 대해 기대감을 가진다는 답도 60%에 달했어요.

OTT 콘텐츠는 얼핏 보면 사용자들에게 더욱 다양하고 흥미로운 시청 경험을 제공하는 것처럼 보입니다. 새로운 장르와 스타일의 작품을 통해 다양한 이야기를 전달한다고 평가할 수도 있죠. 그러나 이로 인해 청소년이 폭력성이나 선정성 같은 유해한 표현이 담긴 콘텐츠에 노출되고 있다는 점도 경계해야 합니다. OTT 간 경쟁에서 살아남기 위해 또는 이용자의 이목을 집중시키기 위해 제작자들이 점점 표현의 수위를 높여간다면 결국 피로감을 느끼고 피해를 입는 것은 이용자들이 될 테니까요.

■ 넷플릭스 다큐멘터리 〈나는 신이다: 신이 배반한 사람들〉

자극적인 묘사가 논란이 되는 사례는 OTT에서 선보이는 드라마나 영화뿐 아니라 다큐멘터리 장르에서도 나타나는데요. 2023년 넷플릭스에서 공개된 〈나는 신이다: 신이 배반한 사람들〉, 웨이브의 오리지널 콘텐츠 〈국가수사본부〉의 경우 실제 사건을 다루면서 기존 지상파 방송에선 상상할 수 없는 노골적인 묘사들을 담고 있어 비판을 받기도 했습니다.

물론 OTT에서 만나는 다큐멘터리들이 그동안 전통적인 방송에서 다룰 수 없던 소재들을 다루면서 사회 부조리를 고발한다는 순기능도 있습니다. 진실을 파헤친다는 제작진의 의도와 다양한 영상물을 만날 수 있다는 긍정적 평가가 더 부각될 필요도 있겠지요. 그러나 시청자들이 문제의식 없이 이를 흥미 위주로 소비한다거나 청소년관람불가라는 연령 등급에도 불구하고 청소년이 이를 접할 때 모방위험 등의 유해성에 노출될 위험 또한 가볍게 지나쳐서는 안 될 겁니다.

■ 웨이브 다큐멘터리
〈국가수사본부〉

기존 영화나 방송에 비해 내용과 형식의 한계에서 자유로워진 OTT 콘텐츠들은 앞으로도 수위에 대한 논란을 피할 수 없을 텐데요. 어린이나 청소년들이 OTT 곁에서 노골적이고 자극적인 영상 표현에 자주 노출되어 선정성이나 폭력성, 부적절한 언어 사용 같은 유해함에 무감각해지는 것은 아닌지 생각해 볼 때입니다.

7장.
OTT 콘텐츠, 뭐가 나쁜데?

올해 초등학교 6학년의 담임을 맡은 김민수 선생님은 한 가지 고민이 생겼습니다. 인스타그램과 같은 SNS도 만 14세 이상의 사용자만 계정을 만들 수 있고, 대부분의 OTT 서비스도 앱을 설치하거나 가입하는데 연령 제한을 해두어 어린이들이 나이에 맞지 않는 콘텐츠나 유해 영상물에 접근할 수 없다고 알고 있는데요. 하지만 실제 학생들과 이야기를 나눠보니 유튜브나 OTT에서 콘텐츠 검색도 쉽게 하고, 이미 SNS에 자신의 계정이 있다는 사례가 생각보다 많았습니다. 원칙대로 이런 콘텐츠를 이용하지 말라고 단호하게 말해야 할지, 학생들의 현실을 고려해 유해 영상물을 본다고 전제하고 미디어 이용을 지도해야 할지 고민입니다.

그런데 곰곰이 생각해 보니 자신이 청소년기를 보낸 1990년대에도 어른들은 이런 걱정을 했던 것 같아요. 그 시절 영화를 보려면 개봉일에 맞추어 극장을 가거나 비디오 대여점에서 테이프를 빌려와야 했습니다. 설레는 마음으로 비디오테이프를 재생시키면 영화나 애니메이션 전에 꼭 흘러나오던 내레이션이 있습니다. "옛날 어린이들은 호환, 마마, 전쟁 등이 가장 무서운 재앙이었으나, 현대의 어린이들은 무분별한 불량·불법 비디오를 시청해 비행 청소년이 되는 무서운 결과를 초래하게 됩니다."

청소년이 비디오를 잘못 선택해서 본다면 나쁜 길로 빠질 수 있다는 무시무시한 경고가 담긴 캠페인이었는데요. 한 편의 비디오가 우리의 미래를 바꿀 수도 있다는 믿음은 지금 생각하면 웃음이 나고 유치하다고 느낄 수 있지만 당시 어린이였던 김민수 선생님도 공포심을 느꼈던 기억이 났습니다. 비디오인지, OTT인지 그 종류만 달라졌지 청소년의 미디어 이용에 대한 근심은 언제나 있었다는 생각을 하니 이제야 선생님은 해결 방법을 찾을 수 있을 듯합니다.

미디어의 유해성 논란

청소년이 미디어를 시청하다 부정적 영향을 받으면 어쩌나 하는 우려의 시선은 이제는 레거시 미디어가 된 텔레비전도 피해 갈 수 없었어요. 민영방송이 출범한 1990년 초반, 채널이 많아지자 시청률 경쟁은 더욱 치열해졌는데요. 시청자의 이목을 끌기 위해 자극적인 내용을 다루는 프로그램이 많아지고 결국 방송의 선정성과 저질성 시비가 잇따르자 시민단체를 중심으로 'TV 끄기 운동'이 벌어지기도 했습니다.

그런데 최근엔 이 걱정의 시선이 상당 부분 OTT 서비스 쪽으로 옮겨간 것으로 보입니다. 여성가족부가 전국의 초등학교 4학년부터 6학년, 그리고 중·고등학교에 다니는 청소년을 조사한 결과를 살펴보면 이러한 걱정이 기우가 아니란 것을 알 수 있습니다. 일 년간 매체별 이용률을 보면 유튜브 등을 통한 인터넷 개인방송이나 동영상 사이트를 봤다는 청소년은 96.7%로 TV 방송을 시청한 청소년인 87.6%보다 많았고요. 유료 OTT 서비스를 이용한다는 학생들도 75%에 이르렀습니다. 놀라운 사실은 성인용 영상물을 본 경험이 있다는 청소년이 47.5%로

일 년 전에 비해 10%나 많아졌다고 합니다.

실제 학부모나 교사, 그 외 양육자들은 아이들의 OTT 서비스 이용 시간이 점점 많아져 고민하곤 합니다. 코로나19로 인한 팬데믹 시기를 거치며 온라인 수업이 많아지면서 가정에서 아이들이 스마트폰이나 태블릿PC 같은 디지털 기기를 사용하는 경우가 많아졌잖아요? 인터넷이 연결되는 기기만 가지고 있다면 언제, 어디서든 콘텐츠를 시청할 수 있다는 사실은 분명 OTT 서비스의 장점입니다. 그러나 이런 기기들이 청소년의 손에 있다는 말은 유해한 표현이 담긴 영상물을 만날 가능성도 늘었다는 것을 뜻하기도 합니다.

폭력성과 선정성을 접할 가능성

그럼, 지금부터는 청소년이 OTT 콘텐츠를 이용하면서 만날 수 있는 유해성에는 어떤 것이 있을지 짚어보도록 하죠. 막연히 걱정이 앞서 이제는 주류 미디어가 된 OTT 서비스의 사용을 무턱대고 막는 것보다 어떤 점들이 청소년의 정서에 나쁜 영향을 줄 수도 있는지 제대로 알고 대처해야 하지 않을까요?

첫째, 선정성과 폭력적 콘텐츠를 볼 수 있다는 가능성입니다. OTT 콘텐츠 플랫폼에서는 성적 콘텐츠, 폭력적인 장면 또는 음란물과 같은 선정성과 폭력성이 포함된 콘텐츠가 제공될 수 있어요. 청소년들은 이런 콘텐츠를 부적절하게 이해하거나 올바르게 처리하지 못할 수 있으니 안전을 지켜줄 보호자나 가이드라인이 필요합니다.

물론 각 OTT 플랫폼에는 '성인인증' 같은 절차를 거쳐야 청소년관람불가 영상을 볼 수 있다거나 보호자가 청소년의 연령을 설정하면 자동적으로 해당 연령 등급의 콘텐츠만 추천하는 기술적 장치들이 마련되어 있습니다. 보호자가 OTT를 가입한 후 계속 관심을 가진다면 부적절한 콘텐츠를 제한하거나 차단할 수 있는 시스템입니다. 그럼에도 불구하고 청소년을 비롯해 어린이들까지도 호기심에 어른들이 보지 않는 곳에서 성인의 개인정보를 이용해 청소년관람불가 콘텐츠를 시청할 가능성도 있다는 사실, 잊지 마시기 바랍니다.

짧은 길이의 영상을 제작하고 공유하는 소셜 네트워크 서비스는 또 어떤가요. '틱톡'과 동영상 공유 서비스

'유튜브', 소셜 네트워크 서비스 '인스타그램' 또는 '페이스북' 속에서 선정성이나 폭력성 짙은 콘텐츠가 영상 또는 이미지로 업로드되어 돌아다니기도 합니다.

'K-드라마'의 성공 사례로 꼽히며 전 세계적으로 선풍적인 인기를 끌었던 〈더 글로리〉 같은 콘텐츠는 청소년 관람불가의 영상물인데요. 그 인기를 다루는 뉴스들이 등장하고, 유튜브

■ 넷플릭스 드라마 〈더 글로리〉

나 SNS를 통해 '리뷰'나 '챌린지', '패러디'나 '줄거리 소개' 등의 영상들이 끊임없이 업로드되는 상황에서 청소년에게만 관심과 호기심을 거두라고 강요하기는 어렵습니다.

오히려 내 옆에 있는 청소년도 선정적이거나 폭력적인 콘텐츠에 노출될 수 있다는 가정 아래, 현실에서 자극적인 영상 표현을 만나더라도 충격을 적게 받고 왜곡된 성인식이나 윤리의식을 가지지 않도록 안내할 방법들을

적극적으로 찾아봐야겠습니다.

과몰입과 과의존 경향의 문제

OTT 서비스가 가져다줄 수 있는 유해성 두 번째는 콘텐츠 시청에 과몰입하거나 중독적 경향을 지니게 되는 것입니다. OTT 서비스는 언제, 어디서든 원하는 다양한 콘텐츠에 접근할 수 있도록 하는 편리성이 오히려 독이 될 수 있는데요. 청소년뿐만 아니라 성인들도 과도한 시청으로 인해 피로감을 호소할 수 있습니다.

OTT 서비스의 높은 접근성이 오히려 영상물의 과도한 이용으로 이어지고 일상에서 점차 콘텐츠 시청량을 스스로 조절하기 힘든 상황을 만날 수도 있어요. 장시간의 영상 시청은 청소년의 신체와 심리 건강 그리고 사회적 관계 맺기에 영향을 줄 수 있으므로 적절한 시청 시간과 균형 있는 미디어 이용 습관을 만들어주는 것이 필요합니다.

실제 미디어 리터러시 분야에서는 최근 청소년이 OTT 등을 보기 위해 주로 이용하는 디지털 기기의 과의존 문제에 주목하고 있어요. 디지털 기기의 지나친 이용이 지속되어 이용자가 일상생활에 심각한 지장을 받는 상태를 '과의존'이라고 합니다. 과학기술정보통신부가 실시한 2022년도 스마트폰 과의존 실태조사 결과를 보면 그 심각성을 인지할 수 있습니다. 연령대별 과의존 위험군 비율을 보면, 성인과 유아동은 20%대로 전년 대비 그 비율이 조금씩 감소하는 추세이지만 청소년은 40.1%로 전년 대비 3.1%가 증가한 것으로 나타났습니다. 특히 과의존 위험군에 속한 청소년들이 많이 이용하는 콘텐츠는 '게임'에 이어 '영화·TV·동영상'이 2위를 차지했다고 합니다.

사생활 침해와 개인정보 보호의 문제

마지막으로 청소년이 OTT 서비스를 이용할 때 유의해야 할 점은 사생활 침해와 개인정보 보호에 관한 문제입니다. 앞서 OTT 서비스의 특성으로 콘텐츠를 개인별로 추천하는 알고리즘이라는 점을 들었는데, 기억하시나요? 다시 말해, 알고리즘이란 AI가 우리가 하는 행위들을 일

일이 계산하여 각 개인들의 기호에 맞추어 필요한 것을 추천해 주는 것이죠.

일례로 OTT에서 로맨틱 코미디 영화를 한 편 시청하면 검색하지 않아도 자동으로 메인 화면에 비슷한 장르의 영화들이 올라오지요. 또 포털 사이트에서 특정 물건을 사려고 검색하고 나면 잠시 후 검색한 물건과 비슷한 상품들이 광고로 등장하고요. 많이 겪어 본 상황이죠? 이 모든 일이 바로 AI 알고리즘을 통해 일어나는 것입니다. 그런데 AI가 스스로 사용자의 데이터를 수집, 분석해 우리가 필요한 콘텐츠나 정보를 추천해주는 것이 마냥 좋은 일일까요? 개인의 데이터가 외부로 유출된다면 다른 문제로도 이어질 수 있지 않을까요?

OTT 서비스에서 어떤 작품들을 검색하고, 어떤 방식으로 시청했는지 개인의 특성을 누군가 속속들이 알고 있고 이를 분석해 그들이 유리한 쪽으로 이용한다고 생각하면 무섭기까지 합니다. 앞으로 사회로 나아갈 청소년의 개인정보라면 더욱 심각한 문제가 될 수 있겠죠. 지금의 정보가 미래의 사회활동에 영향을 미칠 수도 있고, 기업들이 이 정보를 독점해 통제하거나 해커들이 사용할 수도 있으니까요.

   OTT 서비스가 성장하면서 다수의 서비스를 동시에 구독하는 사람들이 늘어나고 있고, 반대로 하나의 계정을 여럿이 공유하는 사례도 증가했습니다. 초기에는 가족이나 친구, 지인 간 공유로 시작됐지만, 요즘은 모르는 이용자 사이의 연결을 중개하는 플랫폼까지 등장했습니다. 계정을 공유하는 개인들 간의 거래에는 몇 가지 문제들이 있는데요. 비용만 받고 계정 공유를 하지 않아 피해를 입었다는 사례나 자신의 개인정보를 누군지도 모르는 타인이 쓰고 있다는 사실을 발견하는 등 사생활 침해의 가능성까지 포함하고 있습니다. 그러니 청소년들이 OTT 서비스를 이용할 때 개인정보를 안전하게 관리하는 방법에 대한 안내도 필요합니다.

   온라인 공간에서 청소년이 개인정보를 안심하고 쓰려면 다음을 실천하면 좋습니다. 첫째, 복잡한 비밀번호를 만들고 이중 인증을 활성화합니다. 비밀번호는 쉽게 추측할 수 없는 조합의 문자, 숫자, 특수문자를 포함해서 만듭니다. 여기에 이중 인증 절차를 더하면 온라인 계정을 더 안전하게 보호할 수 있죠. 둘째, 개인정보를 노출하거나 공유하는 경우를 최소화하는 겁니다. 개인정보를 온라인에서 공유할 때는 필요한 경우에만 제공하고, 신뢰할 수 있는 웹사이트나 서비스에서만 사용하도록 합니다. 셋째, 공용 컴퓨터나 공공 와이파이를 사용할 때 주의해야 해요. 공공장소에서는 로그인이나 중요한 온라인 활동을 하지 않는 것이 좋은데요. 공공 와이파이는 보안 위험이 있을 수 있기 때문입니다. 마지막으로 주기적으로 개인정보를 변경하거나 업데이트하고 OTT 서비스에서 나의 개인정보가 어떻게 수집, 사용, 보호되는지 관심을 갖고 지켜보는 일이 중요합니다.

OTT 콘텐츠를 시청하며 청소년들이 접할 수 있는 유해성은 OTT 서비스 이용의 어두운 단면만을 살펴본 것입니다. OTT 콘텐츠가 청소년에게 줄 수 있는 즐거움과 유익함은 그 부정적인 영향에 비해 얼마든지 더 커질 수 있어요. 그러려면 청소년이 먼저 스스로 자기조절능력을 키워 안전하게 콘텐츠를 시청하도록 해야 합니다. 보호자와 교육자, 친구들과도 스스럼없이 소통하며 건강한 디지털 환경에서 OTT 콘텐츠를 소비할 수 있도록 지원한다면 주체적인 미디어 수용자로 성장할 수 있습니다.

8장.
OTT 콘텐츠, 그럼 좋은 건 뭔데?

얼마 전 수민 엄마는 학부모 모임에 나가 곤욕을 치렀습니다. 중학교 1학년인 수민이의 장래 희망은 만화가인데요. 엄마는 아이의 꿈을 응원하기 위해 미술학원도 꾸준히 보내고 있습니다. 그러다 더 많은 국가, 여러 장르의 애니메이션을 보여주면 좋겠다 싶어 OTT 서비스에 가입했습니다. 휴일이면 수민이와 나란히 앉아 재미있어 보이는 작품을 고른 후 시청하곤 했습니다.

그런데 학부모 모임에서 우연히 이 이야기가 나왔고, 다른 엄마들의 걱정스러운 시선을 받게 되었죠. 늦으면 늦을수록 좋은 OTT 시청을 엄마가 나서서 같이 하는 이유가 무엇이냐, SNS나 OTT를 아이가 이용하는 것은 너무 위험한 요소가 많다며 나무라듯 한마디씩 거들었습니다. 좋은 작품을 자녀와 같이 보고 이야기를 나누고픈 수민 엄마의 선택이 잘못일까요?

OTT 콘텐츠의 교육적 유익성

청소년이 OTT를 이용할 때는 분명 잠재적인 위험들이 숨어있을 수 있습니다. 그래서 보호자는 청소년이 영상을 소비하거나 우연히 곁에서 보게 되더라도 갑자기 놀라거나 그릇된 인식을 가지는 일이 없도록 항상 주의를 기울여야 합니다. 그런데 청소년이 OTT를 이용하는 일이 꼭 나쁘기만 할까요?

이번에는 미디어를 잘 활용하면 청소년의 정서적, 사회적 경험을 넓히는 데에 도움을 준다는 이야기를 해볼까 합니다. 신체적, 정신적, 사회적으로 한창 성장하는 시기에 OTT 콘텐츠를 보면 어떤 이로움을 찾을 수 있는지 구체적으로 알아보겠습니다.

어른들의 여가를 풍요롭게 해주는 OTT는 어린이와 청소년에게도 긍정적인 영향력을 미칠 수 있습니다. 우리가 제일 먼저 주목할 점은 OTT 속 콘텐츠의 교육적 가치입니다. OTT 서비스는 정말 다양한 내용과 형식의 콘텐츠를 제공합니다. 그중에는 직접적으로 아동, 청소년의 교육을 목적으로 만든 영상물도 상당수 존재하고 이미 이를 활용하는 사례도 많습니다.

미국의 경우, 어린이 시청자를 대상으로 만들어진 이른바 '키즈 콘텐츠' 수요가 팬데믹 전보다 60% 이상 늘어났다고 해요. 그 외 콘텐츠 수요와 비교하면 세 배나 큰 수치라고 합니다. OTT 콘텐츠를 제작, 유통하는 기업들도 교육용 콘텐츠나 어린이와 청소년만을 위한 키즈 콘텐츠의 가능성을 깨닫고 발 빠르게 투자를 하고 있죠. OTT 플랫폼마다 키즈 콘텐츠 전용관이나 교육용 작품들의 섹션을 별도로 빼놓을 정도랍니다.

예를 들어, 국내 OTT사인 티빙의 경우 메인 화면에 키즈 카테고리를 따로 두고 있는데요. 키즈 전용관에서는 영유아를 위한 교육용 콘텐츠들과 어린이에게 인기 있는 크리에이터의 영상들을 만날 수 있고, '투니버스' 같은 어린이 전용 채널에도 쉽게 연결할 수 있도록 서비스하고 있습니다.

키즈 모드에서 톱니바퀴 모양의 설정 버튼을 누르면 보호자와 아이 모두 안심하고 이용할 수 있도록 시청 시간 제한, 부적절한 콘텐츠 차단을 위한 연령 설정, 화면 잠금 등의 안전 기능들도 갖추고 있습니다. 아이에게 도움이 되는 콘텐츠를 보여주고 싶은 보호자의 마음을 안다는 듯, 국내에서 서비스 중인 OTT들은 어린이와 청소년만을 위한 콘텐츠를 하나의 항목으로 분류화해서 준비해 놓고 있습니다.

OTT의 교육적 기능 중 빼놓을 수 없는 것이 바로 다양한 언어와 기술을 습득하는 데에 유용하게 쓰인다는 점이에요. OTT 서비스는 여러 국가의 언어로 제공되며, 자막 기능을 통해 다른 언어의 콘텐츠를 이해할 수 있다는 장점이 있습니다. 전자상거래 기업인 쿠팡이 만든 OTT 쿠팡플레이의 예를 들어볼까요? 이 회사는 자녀가 있는 회원들을 공략하기 위해 교육 콘텐츠를 확보하는 데에 중점을 두고 있어요. 교육 전용 섹션을 추가하는 것은 물론이고, 외국어를 교육하는 여러 브랜드와 손을 잡고 강좌 콘텐츠를 독점으로 올리고 있습니다.

외국어 교육을 위해 만든 영상이 아니더라도 OTT를 보며 외국어 공부를 하는 사례는 심심치 않게 찾아볼 수 있는데요. 포털사이트나 블로그에는 '영어 공부하기 좋은 미드', 'OTT로 중국어 공부하는 법' 같이 실제 다양한 언어를 배우고 익히는 데 도움이 되는 OTT 드라마나 영화 추천기와 노하우들이 많습니다.

OTT가 교육과 학습용으로 사용하기 좋은 이유는 유용한 기술적 장치들도 한몫하는데요. 다양한 국가의 언어를 자막으로 제공해 주고, 영상의 재생을 '1.5배속', '2배속'으로 빠르게 보거나 대사가 없는 부분을 '스킵'하여 건너뛰며 볼 수도 있습니다. OTT 중에는 특정 앱이나 확장 프로그램을 추가로 설치하면 자막을 대본으로 제공해 주고, 한글과 영어 대사를 동시에 보여주는 이중자막 기능도 사용할 수 있다고 하니 언어 공부에 쓰임새가 좋은 도구가 아닐 수 없습니다.

창의력과 문화 이해력 향상

OTT는 청소년이 언어 등의 지식을 습득하는 데에만 도움을 주는 것이 아닙니다. 다큐멘터리나 문화 콘텐츠를 통해서는 일상에서 마주하지 못한 다양한 주제들을 만날 수 있는데요. 이런 영상들을 시청하며 새로운 관심 분야가 생기고 세계관이 확장해 나가는 경험도 가능합니다. 한 마디로 OTT를 통해 창의성과 상상력을 키울 수 있다는 뜻입니다.

OTT 콘텐츠는 영화, 드라마, 애니메이션처럼 여러 장르를 포함하고 있습니다. 어디 그뿐인가요? '숏폼'이라 불리는 10분 이내 짧은 영상부터 시청자가 직접 드라마의 결말을 선택하고 그 선택에 따라 다른 이야기 전개를 보여주는 인터렉티브• 영화나 드라마까지 그 형식도 각양각색입니다. 작품마다 내용도 다채로워 청소년들이 다양한 이야기 구조와 캐릭터들을 경험할 수 있고 상상력을 키울 수 있습니다. 그만큼 콘텐츠 감상 후 자신만의 작품을 만들고 싶다는 생각과 영감이 떠올라 창작 활동으로 이어질 가능성도 높아요.

한발 더 나아가, 청소년과 함께 글로벌 이슈를 다룬 작품이나 사회적 문제를 담은 콘텐츠를 OTT에서 선택하고 시청 후 이야기를 나눈다면 어떨까요? 청소년들이 기후변화와 생물다양성의 위기 같은 문제에 대해 이해하고

> • **인터렉티브(Interactive)**는 사용자가 데이터나 명령어를 입력할 수 있도록 한 프로그램을 일컫습니다. 인터렉티브 미디어 기술을 기반으로 제작된 콘텐츠는 이용자와의 상호작용을 통해 콘텐츠 내용을 효과적으로 전달할 수 있어요. 2018년 넷플릭스의 〈블랙 미러: 밴더스내치〉는 OTT가 선보인 인터렉티브 콘텐츠의 성공 사례로 꼽힙니다.

관심을 가질 수 있을지도 모릅니다. 같은 주제를 가진 작품이라도 만든 이에 따라 관점이 다를 수 있고, 근거나 주장하는 바가 차이 날 수 있으니 이들을 비교해 보는 것도 좋은 OTT 시청법이 될 것 같네요.

OTT 사용법을 기술적으로 잘 알고 있다고 OTT를 제대로 사용한다고 자신할 수 있을까요? OTT 리터러시는 나에게 필요한 콘텐츠를 선별하고, 만든 이의 의도가 무엇인지 질문하면서 비판적으로 시청하며, 작품을 본 후 나의 삶에 어떻게 적용할 것인지 창의적으로 사유하는 과정까지 모두 거쳐야 합니다.

청소년에게 너무 어려울 것 같다고요? 그렇지 않습니다. 누구보다 영상과 디지털 문화에 익숙한 세대이니 어쩌면 가르쳐주지 않아도 이미 좋은 콘텐츠를 고르는 감각을 지니고 있을지 모릅니다. 이제는 그 능력을 마음껏 꺼내어 발휘할 수 있도록 보호자가 조금 더 관심을 갖고 대화의 기회를 열어주면 됩니다.

OTT 콘텐츠와 인문학적 소양

끝으로 어린이와 청소년이 인문학적 시각을 키울 수 있는 OTT 콘텐츠 사용법을 제안드리려고 합니다. 아래에 제시하는 몇 가지 방법을 보고 어린이와 청소년이 좋아할 만한 분야와 작품을 찾아 함께 OTT의 유익함을 누려보면 어떨까요?

1. 문학적인 작품 감상

OTT 서비스에서는 문학 작품을 원작으로 한 영화나 드라마를 찾아볼 수 있습니다. 예를 들어, 고전 소설의 영화화된 버전이나 문학 작품을 원작으로 한 드라마를 시청하여 문학과 영상 스토리텔링의 차이를 경험할 수 있습니다. 이를 통해 문학 작품의 멋진 이야기, 캐릭터의 내면세계, 작가의 문체 등을 탐구할 수 있습니다. 예를 들어 루시 모드 몽고메리의 소설을 원작으로 하여 시즌제 드라마로 제작된 〈빨강 머리 앤〉, 프랑스의 대표적인 소설가 빅토르 위고의 작품을

■ 넷플릭스 드라마 〈빨강 머리 앤〉

- 애플TV플러스 드라마 〈파친코〉

원작으로 한 뮤지컬 영화 〈레 미제라블〉이나 뉴욕타임스 베스트셀러에 선정된 동명의 소설을 원작으로 한 애플TV플러스 오리지널 콘텐츠 드라마 〈파친코〉 등이 있습니다.

2. 문화와 역사에 대한 콘텐츠 감상

OTT 콘텐츠는 다양한 문화와 역사적인 배경을 다루는 작품들을 제공합니다. 역사적인 사건을 다룬 다큐멘터리, 특정 문화나 지역의 이야기를 다룬 영화나 드라마 등을 통해 청소년들은 문화를 이해하고 역사 지식을 넓힐 수 있습니다. 안네 프랑크와 하나 고슬라어의 실화를 바탕으로 나치 치하의 암스테르담에서 시작하여 강제 수용소에서의 참혹한 재회로 이어지는 우정의 이야기를 다룬 드라마 〈내 친구 안네 프랑크〉, 여성 수학자들의 실화를 바탕으로 1960년대 미국 우주 개발 시절의 인종과 성별에 대한 이야기를 그린 영화 〈히든 피겨스〉, 1971년 버지니아주에서의 인종 갈등을 주제로 고교 미식축구팀의 감동적인 실화를 다룬 영화 〈리멤버 타이탄〉 등을 추천

합니다.

3. 예술과 음악의 콘텐츠 탐색

OTT 서비스에서는 예술과 음악에 관련한 여러 콘텐츠를 찾아볼 수 있습니다. 전시회, 공연, 음악 콘서트 등을 담은 콘텐츠를 보며 미술 작품이나 음악의 다양한 장르, 예술가들의 작품 등을 감상하고 이해할 수 있습니다. 만약 예술 분야 중에서도 구체적으로 디자인이나 건축에 관심이 많은 청소년이 있다면, 다양한 디자이너와 아티스트들의 작업과 창조적인 과정을 다룬 다큐멘터리 시리즈 〈앱스트랙트 : 디자인의 미학〉, 건축 프로젝트를 진행하는 사람들의 이야기를 다루는 다큐멘터리 시리즈로 건축 예술과 디자인에 중점을 둔 〈그랜드 디자인〉 등이 꿈을 구체화하는 데 도움이 될 겁니다.

4. 사회 문제와 인권에 대한 콘텐츠 감상

일부 OTT 콘텐츠는 사회 문제와 인권을 주제와 소재로 다루는 작품들을 포함하고 있습니다. 이러한 작품들을 시청하면서 사회적 이슈에 대한 인식을 높이고 공감하는

■ 넷플릭스 영화
〈트라이얼 오브 더 시카고 7〉

■ 넷플릭스 다큐멘터리
〈소셜딜레마〉

능력을 키울 수 있어요. 가령, 〈트라이얼 오브 더 시카고 7〉은 1968년 시카고에서 열린 법정에서 기자, 시민운동가, 학생 등이 기소되는 실화를 바탕으로 하며 시민의 권리에 대한 이야기를 담고 있는 법정 영화입니다. 〈소셜 딜레마〉는 소셜 미디어의 영향과 효과에 대해 다루는 다큐멘터리로, 청소년에게 디지털 미디어의 사용과 영향에 대해 논의할 수 있는 기회를 제공하죠. 뉴스 보도국을 배경으로 한 드라마 시리즈 〈뉴스룸〉은 언론의 역할과 뉴스 제작 과정에 대해 그리며 사회 문제에 대한 다양한 시각과 의견을 토론하는 과정을 보여줍니다. 이런 작품들을 청소년과 같이 시청한 후에는 다양한 주제에 대한 토론과 분석 활동을 이어갈 수 있어요. 청소년이 현실 세계의 문제를 인식하고, 타인의 경험과 관점에 공감하는 기회가 될 겁니다.

위의 방법들은 청소년이 OTT 콘텐츠를 통해 인문학적 소양을 키울 수 있는 일부의 예일 뿐이에요. OTT라는 무한한 바다에서 항로를 잃지 않고 지식과 감성을 채워주는 보물 같은 콘텐츠를 찾으려면 이용자가 끝까지 방향키를 놓지 않고 나아가야 합니다. 청소년에게 방향키를 직접 잡게 하고 보호자나 교육자가 그 옆에서 지켜봐 준다면 OTT 탐험은 인문학의 시선으로 세상을 이해하게 만드는 좋은 여행이 됩니다.

● OTT 곁에서 도란도란!

청소년이 자극적인 콘텐츠에 노출되었을 때에도 별 반응을 하지 않는다면, 청소년의 감수성을 체크해 보면 어떨까요? OTT 콘텐츠는 자극적일 수 있으니 주의해서 봐야 한다고 당부하려면, 자극적인 표현이 무엇인지부터 청소년들과 이야기를 나누어야 합니다. 다음은 미디어에서 만나는 폭력성이 무엇을 말하는지 함께 유형화하면서 영상 표현에 대한 민감성을 키워줄 수 있는 대화 방법입니다.

▶ 콘텐츠를 보고 어떤 장면이 폭력적으로 느껴졌는지 함께 찾아볼까요?

《The concept of violence》라는 책을 쓴 보로베이(Vorobej, 2008)는 폭력의 개념이 세 가지 구성요소로 이루어진다고 말했어요. 물리적 힘을 행사해 신체적 해를 가하는 행위인 물리적 폭력, 도덕적으로 금지된 심리적 해를 가하는 행위인 심리적 폭력, 사람들이 도덕적으로 견딜 수 없는 극심하게 비참한 삶을 견디도록 할 때 발생하는 문화적 폭력입니다. 이를 바탕으로 OTT 콘텐츠 속에서 어떤 폭력 요소가 나타나는지 함께 찾아보도록 하죠. 예를 들어 아래와 같은 질문에 답하며 각자가 느낀 폭력성에 대해 알아보도록 하겠습니다.

- 물리적 폭력이 명백하게 그려진 장면이 있나요?
- 물리적 폭력이 현실적이어서 생생하게 다가온 장면이 있나요?
- 대사나 시각적 표현, 상황묘사 등을 통해 간접적으로 표현된 폭력은 없나요?
- 특정 가치관, 인종, 성별 등에 대한 편견이나 차별을 강화하는 언어 사용이나 행동 묘사로 심리적 폭력이나 문화적 폭력이 나타나는 장면이 있나요?

미디어 폭력성에 대한 논의는 문화적, 사회적, 정치적 맥락에서 이루어져야 합니다. 누군가에겐 폭력적으로 느껴지는 장면이 누군가에겐 대수롭지 않게 다가올 수도 있죠. 그러니 특정 장면이 각각의 개인이나 집단에 어떠한 영향을 미칠지에 대한 의견이 다를 수도 있어요. 폭력성은 주관적인 평가일 수 있으니 대화와 토론을 통해 다양한 관점에서 이해하도록 해야겠습니다.

3부 ▶▶▶

OTT 다양하게 활용하기

9장.
OTT 세계에도 큐레이터가 있다?

오랜만에 사촌 형을 만난 승찬이는 형에게 졸라 노트북의 OTT 앱을 켰습니다. 대학교 앞에서 혼자 자취 생활을 하는 형은 집에 TV가 없어도 OTT 서비스에 볼 게 많아 여가를 보내기에 충분하다고 말합니다. 그래서 승찬이도 기대를 하며 OTT 앱을 열었는데요. 어찌 된 일인지 메인 화면의 추천 목록을 뒤적이고 무엇을 볼지 예고편만 보다가 승찬이에게 허락된 시간이 다 지나가 버렸습니다. 옆에서 지켜보던 사촌 형은 승찬이처럼 방대한 콘텐츠 앞에서 갈팡질팡하는 태도를 '넷플릭스 증후군(Netflix Syndrome)'이라고 부른다며 놀립니다. 넷플릭스 증후군이란 관람할 작품을 결정하는 데 어려움을 겪어, 실제 콘텐츠를 보는 시간보다 무엇을 볼지 검색하는 시간이 더 길거나 시청을 포기하는 현상을 가리키는 말이라고 합니다.

콘텐츠 선택의 중요성

OTT의 장점은 단연 콘텐츠 수가 많다는 것입니다. 지난 2022년, 좋은 기회가 있어 국내에서 서비스하고 있는 OTT 회사들을 인터뷰한 적이 있습니다. 이때 넷플릭스는 오리지널 콘텐츠와 타사에서 수급한 콘텐츠를 합쳐 약 190여 개국의 작품을 볼 수 있다고 답했고요. 디즈니플러스는 2021년 11월 한국에 런칭할 당시 약 만 6천 편으로 시작해 매달 5백 편 내외의 새로운 영상들을 업데이트하고 있다고 했습니다. 그야말로 '콘텐츠 왕국'이라는 수식어가 아깝지 않은 양입니다.

많은 콘텐츠를 특정한 주제나 관심사에 따라 수집하고 분류하며 구성하는 일련의 과정을 '콘텐츠 큐레이션(Content Curation)'이라고 하는데요. 쉽게 말하면 이미 만들어 놓은 콘텐츠를 목적에 맞게 분류하고 배포하는 일을 뜻하죠. OTT 플랫폼들은 콘텐츠 큐레이션 능력을 키우기 위해 노력을 계속하고 있습니다. 이렇듯 자고 일어나면 OTT에서 매일 새로운 작품들이 출시되고 있는 현실입니다. 하지만 OTT 이용자들 사이에선 콘텐츠 수는 많은데 막상 보려면 선택할 작품이 없다는 하소연들이 나오고 있습니다.

하물며 내가 볼 영상이 아니라, 보호자로서 청소년에게 보여줄 작품을 골라야 한다면 여간 까다로운 일이 아닐 거예요. 다양한 선택지가 있다는 것이 오히려 심리적 부담감으로 다가오기도 하죠. 너무 많은 콘텐츠가 쏟아지기 때문에 작품을 결정하고 보기까지 그 과정에서 피로감이 쌓입니다. 그렇다고 OTT에서 AI가 골라 준다는 추천 콘텐츠만 보기에는 무언가 석연치 않은 기분이 들어요. 적어도 OTT 서비스에서 '콘텐츠 큐레이션'이 어떻게 작동되는지 그 원리를 이해한 후, 청소년을 위한 영상물 선택법을 고민해 봐야겠습니다.

OTT 콘텐츠 큐레이션의 한계

큐레이션(curation)은 미술관이나 박물관에서 전시된 작품들을 기획하고 설명해 주는 큐레이터(curator)에서 파생된 단어입니다. 미술 작품이나 유물에 대한 사전 지식이 없는 사람들에게 큐레이터들은 관심을 가질 만한 작품들을 골라, 작품이 만들어진 배경과 작품에 담긴 의미들까지 일반인들이 이해하기 쉽게 전달해 줍니다.

    OTT에서 콘텐츠 큐레이션도 역할이 비슷합니다. 다양한 콘텐츠 중에서 사용자에게 가장 적합하고 흥미로운 콘텐츠를 선별하고 제공하는 과정을 의미합니다. 사용자의 취향이나 관심사, 이전 시청 기록 등을 세밀히 분석해 개인화된 콘텐츠 추천을 제공하는데요. 이때 작품의 주제, 장르, 인기도 등을 따져 특정 테마나 카테고리의 콘텐츠를 모으고 이용자의 눈앞에 전시합니다.

    OTT에서 제공하는 콘텐츠 큐레이션은 작품을 선별하고 필터링해서 제공해 주니 이용자들의 시간과 노력을 절약합니다. 평소 무심코 우리가 고른 선택지들을 놓치지 않고 기록, 분석해 개인의 작품 선호도와 행동 패턴을 해석해 주니 결국에는 이용자 개인의 만족도를 높이는 데 기여하지요. 플랫폼 입장에서도 콘텐츠 큐레이션의 장점은 많습니다. 매일 늘어나는 콘텐츠들이 모두 양질의 영상물일 수는 없겠죠? 그런데 시청자들이 어떤 콘텐츠를 고르고, 어디서 빨리 감기를 하거나 재생을 멈추는지 데이터를 분석할 수 있으니 콘텐츠 품질을 유지하는 데에 도움이 됩니다. 요약하면, OTT의 콘텐츠 큐레이션은 미디어 생산자와 소비자 모두에게 효율성을 높이는 장치입니다. 콘텐츠 큐레이션은 사용자들이 좋은 콘텐츠를 더 쉽게 찾고 시청할 수 있도록 도와주며, OTT 플랫폼의 가치를 높이는 역할을 합니다.

그런데 말입니다! 우리가 콘텐츠를 볼 때 효율성을 최우선 가치로 두는 것이 꼭 좋은 일일까요? 미디어 이용으로 재미와 의미를 같이 잡으려면 때론 빨리 가는 길보다 둘러 가며 우연히 보석 같은 작품을 만나는 경험도 즐겁지 않을까요?

OTT의 콘텐츠 큐레이션은 결국 나의 과거 선택이 담긴 기록들을 분석한 것이잖아요. OTT라는 숲속에 아무리 다채로운 풍경이 펼쳐진다 해도 늘 발길이 닿던 산길로만 간다면 새로운 풍경을 경험할 기회는 줄어들고 맙니다. 그러니 평소에 즐겨보지 않던 장르도 과감히 선택해 보고, 익숙하지 않은 언어의 영상물도 시청해 보면 어떨까요? 절대 공감할 수 없을 것 같던 낯선 주인공이 나오는 작품도 막상 보다 보면 다른 인생을 이해하는 기회가 될지도 모릅니다.

청소년을 위한 콘텐츠를 선택할 때는 더 세심한 주의

가 필요합니다. 추천 알고리즘에 따라 자신의 관심사에 한정된 정보에만 의존하다 보면 이용자가 자신만의 거품 안에 갇히게 되는데요. 이를 '필터 버블(Filter Bubble)'●이라고 합니다. OTT 서비스는 그 속에 아무리 풍부한 콘텐츠가 있어도 과거 이용 데이터를 바탕으로 필터링된 정보만 이용자에게 전달하죠. 그럼 그동안 쭉 봤던 장르, 비슷한 줄거리와 캐릭터, 기존의 가치관을 확고히 만드는 주제의 콘텐츠만 줄 세울 가능성이 큽니다.

> ● 필터 버블(Filter Bubble)이라는 용어는 《생각 조종자들(원제 : The Filter Bubble)》이란 책에 처음 등장했습니다. 이 책의 저자는 미국의 시민단체인 '무브온(Move on)'의 이사장인 엘리 프레이저인데요. 이 책의 원제이기도 한 '필터 버블'은 바로 이러한 정보 필터링 현상을 일컫는 말입니다. 이 책은 '필터 버블'의 존재를 명확히 인식해 제공되는 검색 결과를 무조건 신뢰하기보다 다른 방향으로 사고하는 계기를 마련해야 한다고 주장하고 있습니다.

혹시 나만의 거품 속에 갇히면 취향을 거스르지 않는 작품만 만날 수 있으니 다행이라고 생각하시나요? 이 편리함 뒤에는 '확증편향'이라는 결과가 뒤따라올 수 있어요. 확증편향이란 자신의 견해를 확고히 하는 내용만 선택적으로 취하고, 자신이 좋아하지 않은 정보는 의도적으로 외면하는 현상을 뜻합니다. 원래 본인이 가지고 있던 신념을 계속해서 확인하려는 경향이라고 할 수 있죠.

아직 독립적인 판단력을 갖추기 전인 청소년이 필터 버블과 같은 개인 맞춤형 콘텐츠 추천 시스템에 의존한다면 콘텐츠 홍수 속에서 한쪽으로 치우친 시선의 작품만 볼 위험이 있습니다. 자신만의 관점과 세계관을 만들어가는 시점에 특정한 정보나 콘텐츠만 보는 것은 음식을 편식하는 것과 다르지 않겠죠. 청소년들이 열린 마음으로 다채로운 콘텐츠를 먹어보고 그 안에서 좋은 영양소들을 골고루 섭취하여 세상을 보는 균형 감각을 키울 수 있으면 좋겠습니다.

나에게 맞는 콘텐츠 선택법이란?

그럼 OTT에서 보호자와 청소년이 직접 적절한 콘텐츠를 선택하고 신뢰할 수 있는 플랫폼과 채널을 찾는 방법은 무엇일까요? OTT 플랫폼과 콘텐츠에 관한 정보들을 사전에 수집하는 것이 중요할 텐데요. 구체적으로 청소년에게 맞는 콘텐츠를 선택할 때 어떤 정보들이 도움이 되는지 살펴보겠습니다.

첫째, 영상물의 등급을 확인해 이용자 연령에 맞는 등급의 콘텐츠를 선택합니다. 우리나라를 비롯한 많은 국가에서는 청소년을 유해한 매체로부터 보호하기 위해 등급분류 제도를 운영하고 있어요. 등급분류는 영상물의 내용이 어떤 나이에 적합한지 미리 알려주므로 콘텐츠 선택을 위한 유용한 정보가 됩니다.

나라마다 등급을 나누는 연령 기준은 조금씩 차이가 있는데요. 우리나라의 경우, OTT에서 볼 수 있는 영화와 비디오물의 등급분류는 전체, 12세, 15세, 18세를 기준으로 이뤄집니다. 각급 학교에 입학하는 나이를 기준으로 삼았다고 이해하면 될 듯합니다. 영상물의 내용이 어떻게 표현되었느냐에 따라 5가지의 등급으로 나누어집니다.

당연히 연령이 콘텐츠를 고르는 절대적 기준이 될 필요는 없습니다. 청소년마다 영상의 내용을 이해하는 정도와 표현의 수위를 소화하는 수용도가 다를 수 있으니까요. 그래서 우리나라는 영화의 경우 '12세이상관람가'와 '15세이상관람가'의 작품은 해당 연령에 도달하지 않더라도 부모 등 보호자를 동반한다면 관람이 가능하도록 하고 있습니다. 그러나 이는 보호자가 곁에 있고 무엇보다 자신이 보호하는 청소년의 특성을 잘 이해하고 있다는 점을 전제하고 있을 때를 말합니다.

보호자가 영상물의 연령등급을 확인하면서 더불어 챙겨보면 좋은 항목이 또 있습니다. OTT 콘텐츠 초기화면에 등급과 함께 표시되는 '내용정보'에요. 내용정보서비스란 소비자가 보다 정확한 정보를 가지고 영상물을 선택해 관람할 수 있도록 작품 내용에 포함된 유해 요소와 그 정도에 관한 정보를 담은 것입니다. 유해 요소는 주제, 선정성, 폭력성, 대사, 공포, 약물, 모방위험 등 7가지 항목이고 이를 종합적으로 고려해 최종 등급이 결정되는 거죠. 만약 중학생인 청소년이 볼만한 콘텐츠를 고른다면 일반적으로는 12세이상관람가의 영상은 별문제가 없을 텐데요. 하지만 아이가 또래에 비해 폭력적인 장면에서 충격을 더 받는다거나 불안감을 느낀다면, 폭력성 요소가 거의 없거나 경미하게 표현된 작품을 고르는 게 좋겠습니다. 이제는 OTT 서비스를 이용할 때 첫 화면에 나오는 연령등급을 확인하는 습관을 들여 이용자의 나이와 정서에 맞는 작품인지 살피는 루틴을 만들면 어떨까요?

그런데 이제 국내에서 OTT 사업자가 등급을 직접 정할 수도 있다는 사실, 혹시 알고 있나요? 이를 '자체등급분류제도'●라고 부릅니다. 짧은 기간 OTT 콘텐츠의 양이 매년 늘어나다 보니 영상물등급위원회에서 모든 OTT 영상물의 등급분류를 하는 데에 어려움이 있었어요. 정부에서는 국내 OTT 산업과 'K-콘텐츠'의 경쟁력을 높이기 위해 이 제도의 시행을 추진했습니다. 자체등급분류제도는 OTT 업체에게는 콘텐츠가 나오는 즉시 등급분류를 할 수 있으니 원하는 시점에 콘텐츠를 유통할 수 있다는 이점을 주고, 이용자 역시 기다리던 작품을 더 빠르게 만날 수 있어 선택의 폭이 넓어진다는 이점이 있습니다.

제도가 시행된 지 2024년 기준으로 일 년이 지났는데

> ● '영화 및 비디오물의 진흥에 관한 법률'이 개정됨에 따라 2023년 3월 28일부터 **'자체등급분류제도'** 가 시행되었습니다. 기존에 영상물등급위원회가 등급분류를 해온 온라인 비디오물에 대해 업계가 자체적으로 등급분류를 하도록 허용하는 제도입니다. 단, 자체등급분류사업자로 지정된 업체에 한하여 해당 사업자가 등급분류 기준에 따라 직접 등급을 분류하고 유통할 수 있습니다. 또한 자체등급분류사업자는 영화비디오법 제50조 제5항〈비디오물의 등급분류기준〉을 준용해야 하며, '제한관람가'는 등급분류할 수 없습니다.

요. 등급분류를 OTT 기업에 맡길 경우, 사업자들이 이용량을 높이기 위해 영상물의 연령등급을 낮춰 분류하지는 않을지 우려하는 시선도 여전히 존재합니다. 물론 관계기관인 영상물관리위원회가 모니터링을 철저히 하고 있고, OTT 사업자들도 책임감 있게 등급분류를 하겠다고 선언하고 있습니다.

그래도 청소년뿐 아니라 어린이에게 연령에 맞는 콘텐츠를 소개하고 유해한 내용에 노출되지 않도록 하는 것은 결국 가장 가까이에 있는 보호자의 역할이 크지 않을까요? 대부분의 OTT는 연령 등급 정보를 바탕으로 필터링 설정을 적용해 놓고 있습니다. 어른들이 조금만 관심을 기울여 미리 준비한다면 청소년들의 눈높이에 맞는 콘텐츠를 시청할 수 있답니다.

● 여기서 잠깐!

**OTT에서 보는 비디오물의 등급분류 원칙과
고려 사항을 알아둘까요?**

1. 등급분류 원칙
- 윤리성과 공공성 확보, 영상물의 창작성과 자율성 존중
- 청소년의 정서 함양과 인격 형성, 건전한 영상 문화 조성에 이바지
- 인류 보편적 가치와 성·인종·국가 및 문화의 다양성을 존중
- 사회적 통념과 시대의 흐름에 부합
- 전체적 맥락과 상황을 감안하되, 개별 장면의 지속·강조·반복·확대 등이 미치는 영향력 검토
- 일관성과 형평성 유지

2. 등급분류 체계
- 전체관람가 : 모든 연령에 해당하는 자가 시청할 수 있는 비디오물
- 12세이상관람가 : 12세 이상의 자가 시청할 수 있는 비디오물
- 15세이상관람가 : 15세 이상의 자가 시청할 수 있는 비디오물
- 청소년관람불가 : 청소년은 관람할 수 없는 비디오물
- 제한관람가 : 선정성·폭력성·사회성 행위 등의 표현이 과도하여 인간의 보편적 존엄, 사회적 가치, 선량한 풍속 또는 국민정서를 현저하게 해할 우려가 있어 상영 및 광고 선전에 있어 일정한 제한이 필요한 비디오물 (영화 및 비디오물 진흥에 관한 법률 제 50조에 근거)

3. 등급분류 고려 사항

등급분류는 주제와 선정성, 폭력성, 대사, 공포, 약물, 모방위험 등 7가지 요소에 따라 결정합니다.

1) 주제 : 해당 연령층의 정서 및 가치관, 인격 형성 등에 끼칠 영향 또는 그 이해 및 수용 정도
2) 선정성 : 신체 노출과 애무, 정사 장면 등 성적 행위의 표현 정도
3) 폭력성 : 신체 부위, 도구 등을 이용한 물리적 폭력과 성폭력, 이로 인해 발생한 상해, 유혈, 신체 훼손, 고통 등의 빈도와 표현 정도
4) 대사 : 욕설, 비속어, 저속어 등의 빈도와 표현 정도
5) 공포 : 긴장감과 불안감, 그 자극과 위협으로 인한 정신적 충격 유발 정도
6) 약물 : 소재나 수단으로 다루어진 약물 등의 표현 정도
7) 모방위험: 살인, 마약, 자살, 학교 폭력, 따돌림, 청소년 비행과 무기류 사용, 범죄 기술 등에 대한 모방심리를 고무, 자극하는 정도

출처 : 영상물등급위원회 홈페이지(www.kmrb.or.kr)

보호자나 교육자가 등급과 내용정보까지 확인했지만, 그 콘텐츠가 청소년에게 좋은 영향을 주는 작품인지 확신이 서지 않을 때가 있어요. 보호자가 미리 시청하는 것이 제일 좋겠지만 현실적으로 쉽지 않습니다. 그럴 땐, 먼저 콘텐츠를 시청한 다른 사람들의 평가를 확인하는 방

법이 있어요. 평론가나 기자처럼 전문가가 쓴 비평문과 기사를 챙겨보거나 포털 사이트, 블로그에서 관심 있는 작품의 리뷰를 미리 읽어보는 것도 좋은 방법입니다. 유튜브나 SNS에도 추천할 만한 작품의 줄거리나 특징을 요약해 알려주는 영상들도 많이 있습니다.

이때 무턱대고 리뷰나 소개 영상을 보기보다는 자신만의 기준을 세워 체크리스트를 만들어 놓으면 좋은데요. 콘텐츠의 장르와 주제, 줄거리와 주요 캐릭터 특성, 교육적 내용 여부 등을 간단하게라도 파악해 청소년이 충분히 흥미를 가질 만한 작품인지 확인합니다. 보호자나 교육자들이 직접 작성한 리뷰를 찾아보거나, 청소년에게 좋은 콘텐츠를 추천해 주는 사이트와 앱을 활용해 양질의 콘텐츠를 찾아볼 수도 있어요. 그런 의미에서 미국의 비영리 미디어교육 단체 커먼센스미디어(Common Sense Media)를 소개해 볼까 합니다.

커먼센스미디어(Common Sense Media)는 미국에 있는 비영리 기관으로 보호자와 교육자, 어린이와 청소년, 이 외에 관계자들에게 콘텐츠에 대한 평가, 가이드, 교육 자료를 제공합니다. 커먼센스미디어의 설립자는 변호사이자 미디어 교육자인 제임스 스테이어(James P. Steyer)인데요. 법률 사무소에서 일하면서 사회적 문제와 어린이와 청소년들의 디지털 미디어 사용에 대한 관심을 갖기 시작했다고 합니다. 2003년에 설립된 이후, 기관은 디지털 시대에 어린이와 청소년들이 직면하는 문제들을 해결하고, 보호자와 교육자가 이들을 안내할 수 있는 도구를 제공하는 활동을 하고 있습니다.

커먼센스미디어는 영화와 TV 프로그램, 동영상 게임과 앱, 책에 이르기까지 다양한 콘텐츠를 리뷰하고 있어요. 그 정보가 얼마나 꼼꼼하게 채워져 있는지 해당 콘텐츠의 선정성, 폭력성, 언어 사용 등을 평가해 보호자와 교육자들에게 탄탄한 배경지식을 전달하는 역할을 합니다. 보호자를 위한 가이드와 토론 주제까지 제공해 주니 어린이와 청소년들이 미디어를 이용하는 행위에 그치지 않고 후속 활동을 이어가는 데에도 도움을 줍니다.

커먼센스미디어의 홈페이지에 제가 처음 방문했을 때 흥미로웠던 부분이 있어요. 어른들뿐 아니라 어린이와 청소년이 직접 콘텐츠를 감상한 후 적절성과 안전성을 평가해 시청이 가능한 연령등급을 제시하고 추천평을 남긴다는 사실입니다. 내가 재미있게 본 작품에 대한 정보를 다른 이용자에게도 전달하고 소통하는 능동적인 시청 활동의 즐거움을 알려주는 역할도 하고 있죠. 이 외에도 전 세계 최대의 영화정보 제공 사이트 '인터넷 무비 데이터베이스(IMDB)'에서는 작품명을 검색하면 줄거리나 사용자 리뷰, 각 나라에서 받은 연령 등급과 유해 요소를 알 수 있습니다. 여기서 소개한 홈페이지들은 영어로 되어 있지만 요즘은 스마트폰이나 컴퓨터에서 쉽게 번역 기능을 활용할 수 있으니 그리 걱정하지 않아도 될 것 같습니다.

지금까지 어린이, 청소년에게 알맞은 콘텐츠를 고르기 위한 여러 방법을 안내했는데요. 마지막으로 당부하고 싶은 말이 있습니다. 시간을 내어 여러분들 곁에 있는 어린이나 청소년과 함께 콘텐츠를 선택해 보라는 조언입니다. 어린이와 청소년의 관심과 요구를 듣고 어떤 콘텐츠가 적합한지 함께 고민하고 선택해 보세요. 보호자의 관심과 참여가 쌓일수록 어린이와 청소년은 콘텐츠 선택에 대한 책임감과 함께 미디어를 주체적으로 이용하는 능력을 키울 수 있습니다.

10장.
OTT 다양성 콘텐츠 볼까, 말까?

중학생 유라는 오랜만에 엄마와 집에서 OTT로 영화를 보기로 했습니다. 직장일로 바빠진 엄마와 한동안 여가를 보내지 못했던 유라는 엄마도 좋아할 만한 영화를 고르려고 미리 OTT 서비스에 들어갔습니다. 마침 메인 화면에 다양성을 실천하는 전문가들이 추천하는 작품들을 특별 큐레이션 해 홍보하고 있었어요. 엄마가 평소 좋아하는 강연가의 추천작도 소개되어 있었습니다. 초상화를 그리는 여성 화가와 원치 않는 결혼을 앞둔 귀족 아가씨의 이야기를 담고 있는 〈타오르는 여인의 초상〉이라는 영화였어요. 평소 미술을 좋아하는 유라도 흥미가 가고, 유명 영화제들에서 상도 많이 받았다고 하니 작품성도 의심할 여지가 없었죠. 하지만 유라는 엄마가 동성 간 사랑을 다룬 이야기를 썩 내켜 하지 않는다고 짐작해 결국 이 영화를 선택하지 못하고 무난하게 볼만한 가족영화를 골랐습니다.

OTT에 부는 다양성 바람

매년 5월 21일이 무슨 날인지 혹시 알고 있나요? 이날은 문화 다양성에 대한 국민의 이해를 증진하고 그 가치를 확산하기 위해 지정된 '문화 다양성의 날'이랍니다. 2002년 유엔(UN)은 각국의 문화를 존중하고 다양한 문화적 표현을 이해하자는 취지로 '세계 문화 다양성의 날(World Day for Cultural Diversity for Dialogue and Development)'을 지정했어요. 한국도 이런 움직임에 동의해 2014년 문화 다양성의 보호와 증진에 관한 법률을 만들었고, 2015년부터 5월 21일이 속한 한 주간을 문화 다양성 주간으로 지정해 해마다 캠페인을 진행하고 있습니다.

여기서 말하는 '다양성'이란 정확히 무엇일까요? 다양성이란 '성별, 국적, 신체적 조건, 경제적 조건, 사회적 조건, 신념, 사상, 가치관, 행동 양식, 종교, 문화 등의 차이를 인정하고 존중하는 가치관'으로 정의할 수 있습니다. 그럼 OTT와 같은 미디어에서 다양성의 가치는 어떻게 실현할 수 있을까요? 다양성은 개방성과 포용성, 형평성의 세 가지 원리를 지킬 때 구현된다고 알려져 있습니다. 즉, 미디어 관련 조직이 다양한 특성을 가진 누구에게

나 열려 있고, 구성원 모두가 집단의 일원이라는 소속감과 안정감을 느끼며, 구성원의 특성을 배려하여 성과를 낼 수 있도록 공정성을 갖추는 것을 의미합니다.

이제 미디어 업계에서 '다양성'이라는 말은 더 이상 낯선 구호나 공허한 선언이 아니에요. 성(性)·인종·성 소수자·장애 등 다양성은 콘텐츠 제작부터 이용에 이르기까지 전 과정에서 현실적으로 중요하게 고려할 요소가 되었기 때문입니다. 주류사회의 경계나 바깥에 있는 소외된 이들을 조명하여 '다름'의 가치를 존중하고 응원해야 한다는 취지가 전 세계적으로 공감을 받고 있죠.

최근 몇 년 사이 여성, 성 소수자가 주연을 맡고, 그들의 이야기를 풀어낸 콘텐츠가 연달아 큰 흥행을 거두면서 그 필요성과 경쟁력까지 확인하는 계기가 되었습니다. 넷플릭스 오리지널 애니메이션 〈니모나〉는 범죄를 저질렀다는 누명을 쓴 기사가 자유자재로 변신할 수 있는 10대 소녀와 손잡고 자신의 결백을 밝히려는 내용을 담았는데요. 가족과 다양성을 주제로 하여 제96회 아카데미 시

■ 넷플릭스 영화 〈니모나〉

상식 후보에 오르는 등 작품성에서도 인정받았습니다. 한국에서 만들어 화제가 된 드라마 〈이상한 변호사 우영우〉, 〈마인〉, 〈반짝이는 워터멜론〉 등도 장애를 가진 가족이 등장하거나 여성이 주인공으로 나서는 이야기를 다룹니다.

- 넷플릭스 드라마 〈이상한 변호사 우영우〉

대표적인 OTT 서비스인 넷플릭스도 다양성의 바람을 주도하고 있어요. 넷플릭스는 2021년부터 '다양성 리포트'란 이름의 보고서를 발간했습니다. 이 조사는 넷플릭스 내부 인력의 다양한 구성을 드러내는 동시에, 넷플릭스 콘텐츠를 대상으로 다양성의 정도를 분

- 넷플릭스는 2021년 처음 미국 서던캘리포니아대학교(USC) 애넌버그 포용정책연구팀과 공동으로 **'다양성 리포트'**를 발간했으며 조사를 계속해 2년에 한 번씩 리포트를 발간할 예정이라고 밝히고 있습니다. 2023년 5월에 발표한 두 번째 리포트는 넷플릭스가 제작해 2020년~2021년 공개한 영화와 시리즈의 출연진과 제작진 구성을 성·인종·성 소수자·장애 등 22개 항목의 다양성 지표를 활용해 분석한 내용을 담았습니다. 연구 결과에 따르면, 넷플릭스 작품 전반에 걸쳐 여성은 물론, 비주류 인종 및 민족 출신 인재들의 참여가 지난 리포트 결과 대비 크게 늘어난 것으로 나타났습니다.

석한 것입니다. 2023년 보고서에 따르면, 2021년 공개된 작품 중 여성이 주연을 맡은 작품은 전체 작품 중 61%로 절반을 넘었다고 합니다. 조사를 시작한 2018년에는 48.6%였다고 하니 의미 있는 변화라고 할 수 있겠죠? 하지만 넷플릭스는 자신들이 제공하는 콘텐츠에서 라틴계, 중동, 북아프리카 등 특정 인종과 민족의 격차는 여전히 좁혀지지 않았고, 장애인 캐릭터 표현에도 더 신경 써야 한다는 반성을 스스로 내놓기도 했습니다.

이처럼 OTT에서 다양성의 가치를 강조하는 움직임은 콘텐츠를 이용하는 사람들에게도 분명 환영받을 일입니다. 세계 여러 나라 또는 나와 다른 사람들과 상호공존하며 살아가야 하는 글로벌 시민에게 문화 다양성은 꼭 필요한 덕목이기도 하니까요. 하지만 다양성 콘텐츠가 전 세대에게 좋은 영향을 준다고 확신할 수 있을까요? 혹시 청소년이 다양성 콘텐츠를 보고 오히려 부정적인 결과를 낳을 경우의 수는 없는 걸까요?

다양성 콘텐츠에 관한 걱정 어린 시선들

지난 2022년 보호자들의 이런 우려가 온라인상에서 구체적으로 흘러나온 일이 있습니다. 이 시기에 각 OTT 플랫폼에서는 경쟁하듯 퀴어 콘텐츠들을 제작하거나 큐레이션해서 내놓았습니다. 퀴어(queer)는 동성애자나 양성애자, 성전환자 등 성적 소수자들을 통틀어 이르는 말이에요. 지상파 3사와 SK텔레콤이 합작해 만든 OTT 서비스 웨이브에서 방송한 〈메리 퀴어〉와 〈남의 연애〉도 그중 하나였습니다.

■ 웨이브 예능 〈메리 퀴어〉

〈메리 퀴어〉는 제목에서부터 알 수 있듯 게이와 레즈비언, 트랜스젠더 커플의 로맨스를 담은 연애 프로그램으로 이들의 일상을 관찰하는 방식의 작품입니다. 그리고 〈남의 연애〉는 최근 방송가에서 인기몰이 중인 연애 프로그램의 형식을 차용해 이십 대 초반에서 삼십 대 중반 남자 여덟 명이 합숙하면서 데이트를 하

■ 웨이브 예능 〈남의 연애〉

고 짝을 찾는 내용이었어요. 두 프로그램은 각각 '15세이상관람가'와 '12세이상관람가' 등급을 받았습니다.

이 작품들이 공개된 당시, 온라인 커뮤니티나 SNS, 맘카페 등에서는 자녀를 둔 부모들의 걱정 섞인 목소리가 이어졌는데요. 그동안 동성애가 영화나 드라마, 웹툰, 웹소설같이 허구의 이야기로 다뤄진 적은 있지만 이번처럼 실재하는 인물들을 등장시킨 리얼리티 프로그램은 처음이라는 점에서 더 근심을 샀습니다. 아직 가치관 정립이 되지 않은 청소년들이 작품들을 보고 정체성에 혼란을 느끼면 어쩌냐는 의견이 많았습니다.

부모나 교사와 같이 청소년을 보호하는 입장이 아니어도 우리 사회에서 퀴어 콘텐츠에 관한 논쟁은 여전히 뜨거운데요. 2023년 전국의 만 18세 이상 남녀 1,000명을 대상으로 실시한 한 조사에서 퀴어 콘텐츠에 대한 여론을 살펴본 결과, 43%가 '퀴어 콘텐츠가 동성애·양성애자, 성전환자에 대한 잘못된 인식을 형성할 수 있다'고 답했고 '퀴어 콘텐츠가 다양한 성적 지향을 가진 이들을 이해하고 공감할 수 있도록 한다'는 긍정적인 평가는 35%로 나타났습니다. 특히 자녀가 있다고 답한 응답자들에서 부정적인 인식이 우세했습니다.

퀴어 콘텐츠에 대한 부모들의 반응이나 앞선 조사 결과는 지금의 기성세대가 예전에 비해 성소수자들에 대해 관심은 커졌지만, 미디어에 등장하는 것은 여전히 불편해한다는 것을 보여주는 사례라고 생각합니다. 그럼 자라나는 어린이나 청소년들도 비슷한 시각을 가지고 있을까요? 이른바 MZ세대라 불리는 요즘의 이, 삼십 대들만 봐도 다양성에 관심도 많고, 이것이 성 다양성까지 연결되어 퀴어 콘텐츠를 더 유연한 시선으로 봅니다. 이를 단순히 세대 차이라고 봐야 할까요? 그렇지 않습니다. 저는 여기서 미디어의 역할을 강조하고 싶습니다.

만약 기성세대들이 어릴 때부터 미디어에서 성소수자가 제작에 참여하거나 주인공으로 나오는 콘텐츠를 더 많이 접했다면 어땠을까요? 성소수자는 이럴 것이라는 고정관념으로 묘사된 주변인이 아니라 평범한 일상을 살아가는 친구이자 이웃으로 미디어에서 다채로운 모습을 그렸다면 어떤 변화가 있었을지 상상해 봅니다.

나와 다른 사람들을 차별하지 않고, 자신과 타인을 모두 인정하며 소중히 여기는 능력을 키우는 데에 미디어

만큼 효율적인 교재가 없습니다. 보호자와 청소년이 영상을 같이 보다가 불편함을 느끼는 부분은 없는지, 있다면 왜 그런지를 진지하게 파고 들어가며 대화하다 보면 자신조차 모르고 있던 편견이나 선입견을 발견할 수 있어요.

우리가 사용하는 미디어는 보이는 것이 전부가 아니랍니다. 성소수자뿐만 아니라 어린이나 노인, 다문화가정, 장애인 등 사회적 약자나 소수자에 대한 부정적 묘사가 미디어를 통해 부각될 때가 많아요. 미디어는 현실을 거울처럼 그대로 보여주는 것이 아니라 재현하기 때문이죠. 미디어가 개인이나 사건, 이슈를 표현할 때 특정한 이미지를 강조한다는 뜻입니다.

미디어의 재현˙기능 때문에 어떤 집단이나 계층에 대한 편견이나 고정관념이 더 강해질 수 있어요. 예를 들어, 영화나 드라마에서 어느 직업에 대해 부정부패를 저지르는 모습만을 반복

> • 재현(Representation)은 언어나 이미지를 사용해 주변 세계에 의미를 부여하는 것을 말합니다. 미디어가 언어나 이미지를 사용해 세상을 묘사하거나 규정할 때 주변 세계를 마치 거울에 비추듯이 그대로 반영하는 것이 아니라 이를 재구성해 새로운 의미를 부여할 수 있습니다.

해서 보여준다면 현실에서 그 직업군을 만난 적이 없더라도 우리는 그들을 쉽게 단정 짓고 단일한 인상으로 기억합니다. 그러니 OTT 콘텐츠를 감상하면서도 제작자가 개인이나 사건의 이미지를 만들기 위해 무엇을 선택하고, 강조해서 보여주는지 또는 무엇을 보여주지 않고 가리는지 숨은그림찾기하듯 들여다보는 예민함이 필요합니다.

다양성 콘텐츠가 어린이와 청소년에게 미치는 영향

넷플릭스 오리지널 콘텐츠 중에 〈리들리 존스의 모험〉이라는 작품이 있습니다. 이 작품은 할머니와 엄마의 뒤를 이어 살아 있는 박물관의 비밀을 지키는 여섯 살 리들리와 친구들의 모험을 그린 이야기입니다. 2021년 처음 시즌1을 시작해 2023년 시즌 5로 종영할 만큼 꾸준한 인기를 끌었던 애니메이션으로 연령 등급은 '전체관람가'입니다.

〈리들리 존스의 모험〉은 유아용 애니메이션 시리즈 최초로 논바이너리(Non-binary·여성과 남성 어느 쪽에서도 자신의 성정체성

■ 넷플릭스 애니메이션
〈리들리 존스의 모험〉

을 찾지 못했거나 양성으로 규정되지 않는 사람) 캐릭터가 등장해 화제를 모았습니다. 들소 프레드는 한때 암컷으로 '위니프레드'라는 이름으로 불렸지만, "가장 나다운" 모습은 암컷도 수컷도 아닌 "그냥 프레드"임을 깨닫는다는 내용이 나옵니다.

이 작품을 본 우리나라 부모들의 반응은 깜짝 놀랐다거나 굳이 이런 캐릭터가 아이들이 보는 콘텐츠에 나올 필요가 있느냐는 의견이 많았습니다. 하지만 외국에서는 오히려 어린 시절 다양성과 포용성을 길러줄 수 있는 작품으로 〈리들리 존스의 모험〉 시청을 권장하기도 합니다. 앞서 소개한 미국의 미디어 교육 단체 '커먼센스미디어'에서도 이 작품을 유아에게 다른 문화와 동물, 지리에 대한 기본적인 정보를 가르칠 수 있고, 다양성을 담은 캐릭터들은 친사회적 행동의 모델이 된다며 추천하고 있습니다.

현재의 청소년이 주도적으로 살아갈 세상에서는 다양성이 정치, 경제, 문화 전 분야에 걸쳐 중요한 화두로 자리 잡을 겁니다. 어른이 되어서도 다양성과 포용성의 가치가 자연스럽게 몸에 배어 있으려면 낯선 배경의 사람과 소통하고 친분을 도모하는 능력이 필요합니다. 평소 차별이나 혐오에 대한 감수성을 지니면서 자신의 선입견을 돌아보는 습관도 중요하죠. 타인을 이해와 존중의 시선으로 바라보려는 노력은 아무리 강조해도 지나치지 않으니까요.

그런데 직접 전 세계 혹은 나와 다른 가치관이나 특성을 가진 사람들을 만날 수 없다면 어떻게 해야 할까요? 책이나 영상물 같은 미디어를 이용해 간접경험으로 다양한 관점을 수용하고 포용하는 태도를 기르도록 도와주어야 하지 않을까요? 한 연구에 의하면 어린이의 사회문화적 편견이 형성되기 시작하는 나이가 만 4세부터라고 합니다. 이때부터 자신과 외모가 다르게 생긴 아이가 있다면 그 차이를 알아채고 친구가 될 수 없다고 생각하거나 경계한다는 거죠. 그래서 저와 같은 미디어 비평가들은 다양성 교육도 조기교육이 필요하다고 조언합니다.

그러니 걱정이 앞서 OTT의 다양성 콘텐츠 이용을 무턱대고 막는 것보다 타인의 삶을 들여다보는 돋보기이자, 더 넓은 세상을 만날 수 있는 창으로써 OTT 콘텐츠를 고를 수 있도록 해야겠습니다. 그리고 혹시 청소년이 혼란을 느끼거나 부정적인 편견에 빠질만한 내용이 나온다면 번거롭더라도 충분한 대화의 시간을 가져 더 넓고 더 깊은 시각을 가질 수 있도록 돕는 것은 어떨까요?

11장.
OTT 콘텐츠,
보지 않고 읽는다고?

평소 과학을 좋아하는 고등학생 승찬이는 부모님에게 방학 동안 OTT 서비스에서 과학 다큐멘터리를 보고 싶다고 말했습니다. 학년이 높아지며 공부할 거리가 많아지니 좋아하던 과학책을 읽을 시간도 부족한데 다큐멘터리는 짧게는 10분, 길면 한 시간만 투자해도 자신의 관심 주제를 알기 쉽게 정리해 준다는 것이었습니다. 부모님도 승찬이에게 도움이 될 것 같아 다큐멘터리 작품이 많다는 OTT 서비스를 선택해 구독하기로 했습니다.

그러던 어느 날, 부모님은 집에 놀러 온 친구에게 자신이 본 다큐멘터리에 관해 소개하는 대화를 우연히 듣고 깜짝 놀라고 말았습니다. 승찬이는 친구에게 지구는 평평하다고 믿는 사람들이 있으며, 미국 NASA의 주도 아래 이 사실이 은폐되고 전 세계인이 속고 있을지도 모른다고 꽤 진지하게 설명하는 것입니다. 다큐멘터리는 지식과 사실을 바탕으로 만드니 아이 교육에 분명 도움이 될 것이라 믿었던 엄마와 아빠는 당황하지 않을 수 없었습니다. 승찬이가 시청했다는 작품은 〈그래도 지구는 평평하다〉인데요. 2018년에 개봉한 다큐멘터리 영화로, 지구평면설을 주장하는 이들의 믿음과 그들의 세계관을 조명하고 있으며 지금도 여러 OTT 플랫폼에서 시청할 수 있습니다.

- 넷플릭스 다큐멘터리 〈그래도 지구는 평평하다〉

OTT 다큐멘터리의 특징

OTT 서비스의 등장은 특정 국가 또는 인기가 많은 콘텐츠만을 봐야 했던 이용자에게 반가운 기회일 수밖에 없습니다. 방송국의 기준으로 본다면 다큐멘터리와 같은 교양 프로그램은 드라마나 예능 프로그램처럼 시청률이 잘 나오는 것도 아니고, 대중에게 화제성도 떨어지니 쉽게 제작할 엄두가 나지 않는 장르이지요. 하지만 OTT 기업들의 생각은 달랐습니다. OTT의 경쟁력은 그동안 소외 받던 개개인의 취향까지 고려한 다양한 콘텐츠를 제시하는 것이기에 다큐멘터리와 같은 장르도 충분히 투자할 가치가 있다고 판단한 것이죠. 그 결과 우리는 저 먼 나라에서 제작하고 내용과 형식에서도 참신한 시도를 선보이는 다큐멘터리들을 만날 수 있게 됐습니다.

실제 넷플릭스가 2012년부터 2020년까지 제작한 오리지널 콘텐츠 중 드라마 시리즈는 219편이라고 알려졌는데요. 이와 비교해 보면 다큐멘터리 시리즈는 156편, 다큐멘터리 영화는 159편으로 오히려 다큐멘터리 장르에 속하는 작품 수가 더 많다는 것을 확인할 수 있습니다. 넷플릭스가 다큐멘터리를 제작하고 서비스하는 데에 진심이란 사실을 알 수 있죠. 한국의 OTT 플랫폼들도 최근에는 다큐멘터리를 오리지널 콘텐츠로 제작해 열심히 홍보하고 있는데요. 웨이브의 〈악인취재기〉나 〈국가수사본부〉 같은 탐사 보도 다큐멘터리들이 화제가 되기도 했습니다.

그런데 영화관이나 방송에서 보던 다큐멘터리에 비해 OTT 속 다큐멘터리가 우리의 눈길을 더 잡아끄는 이유는 무엇일까요? 미디어 비평가들은 콘텐츠 제작 전반에 대한 과감한 투자, 독특하고 차별화된 소재와 내용, 사실과 극영화적 요소를 적절히 더한 형식미 등을 꼽습니다.

우리가 주목할 부분은 이런 특징들이 다큐멘터리 창작자들에겐 표현의 자유를 극대화 시켜준다는 점인데요. 영상물을 만들 때 경제적 제약이나 내용과 형식의 한계가 줄어드니 자유자재로 자신의 생각을 펼칠 수 있는 것이죠. 하지만 주제나 소재가 참신함을 넘어 기이하다거나 또는 표현 스타일이 과감함을 지나쳐 자극적인 OTT 콘텐츠들도 속속 등장해 우려를 낳고 있습니다. 범죄의 과정을 적나라하게 보여주는 수사 다큐멘터리나 음모론자들의 주장을 상세히 소개하는 과학 다큐멘터리가 그

예입니다.

미디어 비평의 필요성

다시 승찬이네의 이야기로 돌아가 보겠습니다. 승찬이가 본 다큐멘터리 〈그래도 지구는 평평하다〉는 얼핏 보면 지구평면설을 믿는 사람들을 소개하는 영상처럼 보입니다. 하지만 작품을 자세히 분석하면 제작진은 왜 이들이 지구가 평평하다고 믿는지 그 과정을 집요하게 따라가고, 이들처럼 자기가 보고 싶은 것만 보고 믿고 싶은 것만을 믿는 확증편향(confirmation bias) 현상에 대해 말하고 있음을 알 수 있습니다. 과학 분야에 호기심이 많은 승찬이가 아무리 보고 싶다고 해도 부모님은 OTT 콘텐츠 볼 기회를 제한했어야 할까요? 그랬다면 승찬이는 오히려 부모님이 답답하다고 느끼며 자신의 관심사에 대한 의사소통을 줄이지 않았을까요?

미디어 교육 전문가들도 아이가 청소년기에 접어들면 보고 싶어 하는 콘텐츠를 무조건 차단하기보다는 콘텐츠를 도구로 활발한 상호작용을 하라고 권유하고 있습니다. 다만, 다큐멘터리는 교육적인 내용을 담고 있고 사실에 입각해서 만들었을 것이란 생각에 부모님도, 승찬이도 별 의심 없이 작품을 선택하고 시청한 것이 문제였습니다. 만약 승찬이가 OTT 콘텐츠를 시청하기 전, 콘텐츠에 대한 간략한 정보라도 미리 찾아보았거나 영상을 보면서 사실과 의견을 구분하려는 비판적인 시각을 유지했다면 어땠을까요?

청소년의 영상물 시청에 대해 어른들이 흔히 착각하는 내용 중 하나가 장르●에 대한 오해와 편견이 아닐까 합니다. 예를 들어 다큐멘터리나 역사 드라마는 청소년들의 공부에 도움이 되고, 애니메이션 장르는 실사 영화나 드라마보다 자극적이지 않을 것이다라는 믿음이죠. 하지만 영상물에는 만든 이들이 의식하든, 의식하지 않든 그들이 지닌 고유한

> ● '장르(genre)'는 '종류'와 '형태'를 뜻하는 프랑스어에서 왔습니다. 문학, 영화, 텔레비전 등의 미디어 비평에서 작품의 유형이나 종류를 구분하는 개념어로 쓰이는 용어입니다. 일례로 영화나 드라마에서 장르란 유사한 줄거리와 캐릭터, 주제, 화면구성, 편집, 분위기 등에 따라 분류한 것을 말합니다. 장르는 작품을 분류하는 특정한 형식이자 관습으로, 고정된 것이 아니라 사회 변화와 시대 흐름에 따라 계속 변화합니다.

관점과 시각이 반영될 수밖에 없습니다. 그래서 미디어에 의해 그려지는 대상이나 인물의 이미지가 어떻게 표현되는지 꼼꼼히 따져보는 일이 중요합니다.

다시 말해 영화나 드라마에서 인물의 이미지를 재현할 때 성(gender), 인종, 연령, 직업, 계층, 지역 등에 대해 그릇된 고정관념을 심어주는 것은 아닌지, 특정 사건을 재현할 때 사건에 대한 관점이나 전달 방식이 객관적인지 미디어 이용자가 주체가 되어 콘텐츠를 읽어내야 한다는 말입니다. 그 과정이 귀찮거나 어렵게 느껴지나요? 하지만 어려서부터 질문을 던지며 영상을 보는 연습을 이어나가다 보면, 굳이 애쓰지 않아도 자연스럽게 비판적인 시각으로 미디어를 읽을 수 있을 겁니다. 이것이 창작자들이 만든 내용과 그것에 담긴 메시지를 일방적으로 받아들이는 수동적인 이용자가 아니라 콘텐츠 제작 과정부터 질문을 던지고 능동적인 이용자가 되는 방법인데요. 이러한 과정 전체를 바로 '미디어 비평'이라 할 수 있습니다.

미디어 비평은 어떤 형태의 미디어나 개별 콘텐츠를 분석하고 평가하는 활동입니다. 이는 신문이나 영화, 텔레비전, 음악, 문학 등과 같은 다양한 미디어에 모두 적용될 수 있습니다. 비평가들은 구체적으로 콘텐츠의 전반적인 특징이나 이야기의 완성도, 시청각적 표현과 같은 형식미, 작품 속에 품은 메시지, 나아가 사회문화적 의미 등을 평가하고 분석합니다.

물론 미디어 비평은 주관적인 영역이기 때문에 누가 작품을 보느냐에 따라 여러 가지의 해석이 나올 수 있습니다. 아는 만큼 보인다는 말이 있지요? 청소년기부터 콘텐츠를 하나하나 분석하고 그 숨은 의미를 찾아보는 경험이 쌓인다면 미디어를 접하면서 자신만의 관점과 시각을 찾아갈 수 있고, 문화와 사회를 다각도로 이해하며 사고하는 데 도움을 줄 수 있습니다.

OTT 콘텐츠 비평의 순서

그럼 지금부터는 미디어 비평 중에서도 OTT 콘텐츠 비평은 어떻게 시작하면 좋은지 알아보도록 해요. 그전에 어른들이 만약 청소년과 함께 OTT 콘텐츠를 시청한다면, 영상을 비평하는 경험이 숙제나 시험처럼 느껴지는

억지스러운 활동이 아니라 콘텐츠의 시청 경험을 더 풍부하게 확장시키는 즐거운 활동이 될 수 있도록 유도해야 합니다. 아래에서는 OTT 콘텐츠 비평을 시작하는 몇 가지 단계를 안내해 드리겠습니다.

1단계. 콘텐츠 감상

비평을 하기 위해서는 먼저 해당 콘텐츠를 감상해야 합니다. 원하는 OTT 플랫폼에서 콘텐츠를 선택하고 시청합니다. 이때 주의 깊게 스토리, 연출, 연기, 대사 등을 관찰하고 인상 깊은 장면이나 주제를 기억합니다.

2단계. 감상 후 시간 확보

콘텐츠를 감상한 후에는 감상한 내용에 대해 생각하고 분석하기 위해 시간을 확보해야 합니다. 감상 후에 즉각적인 반응을 표현하지 않고, 잠시 시간을 두고 여러 측면을 고려하며 자기 생각을 정리합니다.

3단계. 분석과 평가의 시간

콘텐츠를 비평하기 위해 분석과 평가를 진행합니다. 이

때 다양한 측면을 고려할 수 있습니다. 예를 들어 스토리 완성도, 연기 퀄리티, 캐릭터의 발전, 시각적 요소, 음악 등을 평가합니다. 어떤 부분이 좋았는지, 어떤 부분이 아쉬웠는지를 생각하며 평가합니다.

4단계. 개인적인 의견과 근거 찾기

비평은 주관적인 의견을 표현하는 것이므로, 감상한 내용에 대한 개인적인 의견과 이유를 표현해야 합니다. 왜 그 콘텐츠를 좋아하는지, 또는 아쉬운 점이 무엇인지 구체적인 근거를 들어 설명합니다.

5단계. 구조화와 표현

각자 콘텐츠에 대한 주관적인 의견을 말한 후에는 글로 이를 정리하여 서술하도록 이끌면 좋습니다. 짧게라도 감상문이나 비평문을 작성할 때에는 구조화된 방식으로 표현하는 것이 도움이 됩니다. 시작, 중간, 결말 등 콘텐츠의 요소를 구성하는 다양한 측면을 다루며, 명확하고 간결하게 의견을 표현합니다.

제안한 것처럼 OTT 콘텐츠 비평을 단계별로 진행할 때 주의할 점이 있어요. 바로 비평에 대한 의견을 말하거나 비평문을 작성할 때는 객관성을 유지하는 것이 무엇보다 중요하다는 것입니다. 비평의 영역은 주관적일 수밖에 없다고 앞서 말했지만, 개인의 의견을 표현하면서도 객관성을 유지해야 하지요. 콘텐츠에 대한 비평을 할 때는 가능한 한 명확한 근거를 제시하며, 자신의 개인적인 취향과 경험을 과도하게 반영하지 않도록 주의시켜 주세요. 신뢰성을 갖춘 비평이 상대를 공감시킬 수도, 설득할 수도 있습니다.

만약 가족이나 친구끼리 한 작품을 본 후, 작품을 본 감상을 나눌 때에는 다양한 관점을 고려하도록 지침을 마련하는 것도 중요해요. 타인의 의견이나 전문 비평가의 평가를 참고하고, 다른 시리즈나 영화와 비교 분석해 보면서 하나의 작품에도 여러 해석이 나올 수 있다는 사실을 확인하는 과정도 필요합니다.

이런 단계를 따라 비평을 시작하면 체계적이고 의미 있는 비평을 할 수 있을 겁니다. 비평은 자신의 관점을 표현하고 다른 사람들과 의견을 나눌 수 있는 좋은 기회이므로 청소년이 자신의 생각을 주저 없이 표현할 수 있는 생동감 있고 즐거운 시간을 마련해주시기 바랍니다.

12장.
OTT 다 본 후, 이제 어쩌라고?

장차 아나운서가 꿈인 열세 살 금비는 친구들 앞에서 말하는 것을 좋아합니다. 특히 자신이 본 영화나 드라마 내용을 간추려 들려주면 친구들이 재미있다며 금비 옆을 떠나지 않는데요. 언젠가부터 금비는 여러 영상을 볼 때 친구들에게 소개할 만한 이야기인지를 속으로 생각해 보는 습관이 생겼습니다. 유튜브에서 우연히 본 영상이나 동생과 같이 본 애니메이션, 부모님과 극장에 가서 본 영화도 감상 후에는 어떻게 줄거리를 요약할지 생각해 보고 가장 기억에 남는 장면도 골라 둡니다. 혹시 나쁜 말이나 누군가를 괴롭히는 장면 또는 친구들과 보기에 민망하거나 부끄러운 장면이 나온다면 그 영상은 추천하지 말아야겠다는 나름의 기준도 세워두었습니다. 그러다 보니 이제 친구들뿐 아니라 선생님에게도 '우리 반 발표왕', '최고의 이야기꾼'이라는 칭찬을 듣게 되었습니다.

OTT를 읽는 나만의 기준

사실 날카로운 시선으로 미디어를 뜯어보겠다고 결심하지 않더라도, 우리는 이미 우리가 만나는 콘텐츠들을 매 순간 비평가의 자세로 대하고 있는지도 모릅니다. 가령 작품의 첫 시작 부분만 봐도 내가 좋아하는 스타일의 콘텐츠인지, 아닌지를 가늠할 수 있다고 말하는 사람들이 있지요? 이는 자신만의 장르별 선호도와 평가 기준이 머릿속에 정해져 있어서 작품의 가치를 비교하는 것이 가능하다는 말입니다. 혹은 재미있는 영상을 본 후 다른 사람에게 이야기나 주제를 요약해 준다거나 이 영상에서 특별히 눈에 띄는 장점이나 유난히 아쉬운 부분을 언급하며 타인에게 작품을 추천한 적은 없나요? 이런 경험이 있다면 미디어의 다양한 측면을 조망하고, 누군가에게 새로운 시각을 제공한다는 면에서 여러분은 이미 비평가인 셈입니다.

비평의 분야에는 정해진 답이 없습니다. 심지어 제작자가 명확한 의도를 가지고 작품을 만들었다고 해도, 작품을 읽고 보는 사람들은 얼마든지 자유롭게 창의적인 해석이 가능합니다. 다각도의 관점에서 작품을 바라볼 수 있다는 것이 비평의 매력이기도 하죠. 그래도 아직은 OTT를 읽는 자신만의 기준이나 척도를 정하기 어렵다는 분들을 위해 어린이, 청소년과 함께 할 수 있는 간단한 비평 방법을 공유하도록 하겠습니다.

어린이를 위한 OTT 시청 후 활동

우선, 12세 미만의 유아기 아동이나 초등학생들과 함께 작품을 본 후, 공통적으로 나누면 좋은 질문과 대화를 간추려 보았습니다.

1. 이야기 요약 | 오늘 본 작품은 어떤 이야기였나요?

영상 비평을 시작할 때, 어린이와 영화나 애니메이션의 이야기를 요약해 볼 수 있습니다. 중요한 캐릭터, 주요 사건, 해결해야 할 문제 등을 간단한 문장으로 설명할 수 있도록 유도해 보세요. 어린이들은 이 요약을 통해 영상의 전반적인 흐름을 파악할 수 있습니다.

2. 주인공과 캐릭터 | 작품에 나오는 주인공은 누구인가

요, 더 마음에 드는 캐릭터가 있었나요?

어린이와 함께 주인공과 주요 캐릭터들을 살펴보세요. 어린이에게 각 캐릭터의 외모, 성격, 행동 등을 설명하고 어떤 일을 겪으며 어떻게 성장하는지 이야기해 보세요. 이 과정에서 어린이는 캐릭터들에 공감하고 이야기에 더욱 몰입할 수 있습니다.

3. 시각적 요소 | 눈으로 보기에 가장 멋지거나 기억에 남는 장면은 무엇이었나요?

영상에서 시각적인 요소를 함께 관찰해 보세요. 예를 들어, 어린이와 함께 특정 장면의 배경이 어떤 느낌을 주는지, 색상이 어떤 감정을 전달하는지, 캐릭터의 움직임이 어떤 특징을 갖는지 등을 이야기해 보세요. 어린이는 시각적인 요소를 통해 이야기를 더욱 재미있게 이해할 수 있습니다.

4. 메시지와 가치 | 작품을 다 본 후 어떤 느낌이나 생각이 들었나요?

어린이와 함께 영상이 전달하고자 하는 메시지와 가치를

이해해 보세요. 작품이 강조하는 주제가 무엇인지, 어떤 교훈이 담겨 있는지 등을 어린이와 함께 이야기해 보세요. 영상 시청이 끝난 후에도 어떤 가치를 배울 수 있었는지 떠올리며 작품의 여운을 가져갈 수 있습니다.

5. 좋아하는 장면과 이유 | 작품을 보면서 가장 좋았던 순간을 이야기해 볼까요?

어린이가 영상에서 특히 좋아하는 장면을 함께 찾아보세요. 그리고 그 이유를 함께 이야기 나눠보세요. 재미있는 행동, 웃긴 대사, 감동적인 순간 등을 공유하고 토론해 보면서 영상에 대한 긍정적인 경험을 나눌 수 있습니다.

이런 방법을 활용해 어린이들과 함께 미디어 비평을 반복하다 보면, 어린이의 상상력과 비판적 사고를 키울 수 있습니다. 어린이가 자신만의 의견과 해석을 가질 수 있도록 끝까지 목소리에 귀 기울여주세요.

청소년을 위한 OTT 시청 후 활동

영상에 대한 이해도가 높고 세분화된 분석이 가능한 청소년과는 미디어의 장르적 특성에 맞게 보다 깊이 있는 토의와 토론 시간을 가질 수 있습니다. 여기서는 OTT에서 청소년에게 인기 있는 장르인 영화와 드라마, 다큐멘터리 그리고 애니메이션을 볼 때 어떤 기준으로 작품을 보고 의견을 나누면 좋을지 정리해 보겠습니다.

1. 영화와 드라마

① 스토리와 시나리오

- 드라마의 핵심이라 할 수 있는 갈등의 진행 과정을 파악하고, 다른 작품과 비교하여 이야기 구성의 차별 지점을 찾아봅니다. 구체적으로 강렬한 스토리라인, 흥미로운 전개, 효과적인 대사 등이 이에 해당할 수 있습니다.

② 캐릭터화와 연기

- 캐릭터의 개발과 배우들의 연기력은 중요한 평가 요소입니다. 관객이 캐릭터에 공감하고 캐릭터들의 변화를 체감할 수 있는지 살펴봅니다.

③ 감독의 연출과 스타일

- 감독의 시각과 스타일이 드라마에 어떻게 반영되었는지, 카메라 워크, 편집, 음악 등의 기술적인 부분이 어떻게 활용되었는지 평가합니다.

④ 기술적 요소

- 음악, 음향 효과, 시각 효과 등 기술적인 부분이 영화의 품질을 결정하는 데 중요합니다. 특히 두드러진 기술 요소나 창의적 표현 방식이 있었는지 알아봅니다.

⑤ 의미와 주제

- 영화나 드라마가 다루는 주제나 전달하려는 의미에 대한 비평도 중요합니다. 사회적, 정치적, 문화적 주제들을 다루는 작품은 종종 형식보다 내용의 측면에서 높은 평가를 받을 수 있습니다.

⑥ 세부 장르적 특성

- 장르에 따라 기대되는 기준이 다를 수 있습니다. 예를 들어, 코미디는 웃음을 유발하는 데 중점을 두는 반면, 멜로드라마는 감정적 연결과 깊은 이야기가 중요할 수 있습니다. 로맨스, 스릴러, 판타지, 사극 등의 장르는 각자의 특성을 고려해야 합니다.

⑦ 시대적, 문화적 맥락

- 영화나 드라마가 만들어진 시대와 문화적 배경을 고려하는 것도 중요합니다. 이것이 영화의 이해를 더욱 풍부하게 만들 수 있습니다.

2. 다큐멘터리

① 객관성과 신뢰성

- 사실 기반 : 다큐멘터리는 사실에 기반한 작품으로 객관성이 중요합니다. 얼마나 정확한 정보를 제공하고 있는지 확인합니다.

- 제작자의 의도 : 제작자가 객관적인 시각을 유지하고 있는지, 아니면 특정 의도를 갖고 편향된 시각을 전달하고 있는지 살펴봅니다.

② 주제의 중요성과 다양성

- 주제의 중요성 : 다큐멘터리가 다루고 있는 주제가 얼마나 중요하고 사회적으로 의미 있는지 평가합니다.

- 다양성 : 여러 관점에서 주제를 다루고 있는지, 특정 집단이나 의견에 치우치지 않고 다양성을 지니고 있는지 확인합니다.

③ 효과적인 스토리텔링

- 구조와 편집 : 다큐멘터리가 어떤 구조와 편집 기술을 사용했는지, 어떻게 효과적으로 스토리를 전개하고 있는지 알아봅니다.

- 내레이션과 음악의 활용 : 내레이션과 음악이 어떻게 스토리에 기여하고 있는지 고려합니다.

④ 연출과 기술적 측면

- 카메라 워크와 시각적 표현 : 시각적 표현 방법이 어떻게 사용되었는지, 카메라 워크의 퀄리티와 효과를 살펴봅니다.

- 인터뷰와 촬영 기술 : 인터뷰의 형식, 다양한 인터뷰 대상의 포착, 현장 촬영의 퀄리티 등을 확인합니다.

⑤ 감정과 감정 전달

- 감정의 전달 : 다큐멘터리가 어떻게 감정을 전달하고, 관객에게 어떤 감정을 일으키는지 분석합니다.

- 감정 편향의 유무 : 감정 편향이나 조작을 일으키는 장면은 없는지 고려합니다.

⑥ 관객의 반응과 영향력

- 시청 후의 영향 : 다큐멘터리 시청 후 관객이 어떻게 생각하게 될지, 어떤 인식의 확장이 있을지 예상해 봅니다.

- 사회적 변화 유발 : 다큐멘터리가 시청자의 인식 전환이나 사회적 변화를 가져오는 데 어떤 역할을 하는지 논의합니다.

3. 애니메이션

① 스토리와 시나리오 분석

- 스토리의 진행이 일관되며 중간에 불필요한 부분이 없는지 확인합니다. 더불어 주요 캐릭터들이 어떻게 성장하고 변화하는지 살펴봅니다.

② 애니메이션 퀄리티 평가

- 애니메이션의 시각적 품질은 중요합니다. 그림체, 애니메이션 효과, 배경 등을 평가합니다. 특히 작품의 아트 스타일이 얼마나 창의적이고 독특하며 완성도가 있는지 살펴봅니다.

③ 캐릭터와 성우 연기 평가

- 각 캐릭터의 외모와 개성이 어떻게 디자인되었는지 확인합니다. 그리고 주요 배역의 성우 연기를 들으며 각 캐릭터의 목소리 연기가 얼마나 잘 어울리고 감정을 전달하는지 평가합니다.

④ 애니메이션의 기술적인 측면 평가

- 애니메이션의 다양한 기술 요소가 어떻게 활용되었는지 평가합니다. 구체적으로 시각적인 효과와 특수 효과가 어떻게 사용되었는지, 스토리나 캐릭터에 따라 음악이 어떻게 사용되었고 작품에 어떤 감정을 더했는지 분석합니다.

⑤ 주제의 이해와 관객층 고려

- 애니메이션이 다루고 있는 주요 주제가 무엇인지를 이해하고 해석합니다. 어떤 가치나 교훈이 애니메이션을 통해 전달되는지를 고려합니다. 애니메이션은 특히 작품이 어떤 연령층을 대상으로 하는지를 알아본 후, 해당 연령에 맞는 내용과 메시지를 표현했는지 분석하는 일이 중요합니다.

위에 제시한 장르별 기준은 다양한 분야의 작품을 비평할 때도 참고하거나 응용할 수 있어요. 그리고 비평가인 청소년이 가진 취향과 관점에 따라 세부 항목만을 선택해서 더 자세히 콘텐츠를 읽을 수도 있습니다. 예를 들어 만화가가 꿈인 청소년이 애니메이션을 비평한다면 원작 만화가 애니메이션으로 만들어졌을 때 어떤 이야기가 추가되고 생략되었는지 살펴볼 수 있어요. 이 작품의 그림체를 작가의 다른 작품과 비교해 본다거나 배경과 인물 묘사로 구분하여 디테일하게 분석할 수도 있습니다. 비평가마다 자신만의 독자적인 기준을 추가하거나 수정할 수도 있다는 말입니다.

혹시 가족이나 친구들과 보드게임을 해 본 적 있나요? 보드게임은 종이판이나 나무판으로 된 놀이 도구 주변에 여럿이 둘러앉아 즐기는 놀이를 말하죠. 저는 강의 현장에서 실제 OTT 콘텐츠 비평을 할 때마다 보드게임을 하는 것처럼 재미있구나라고 느껴요. 그날 같이 이야기를 나눌 콘텐츠를 게임판으로 놓고, 그 위에 구성원들이 각자 자기만의 시각을 탑재한 말들을 올려놓습니다. 그리곤 서로의 의견을 존중한다는 정해진 규칙 아래 나만의 감상평을 앞다투어 펼쳐냅니다. 보드게임이 여러 명이 얼굴을 맞대고 소통하며 즐기는 것이 매력이듯, OTT 비평도 서로의 의견을 놀이하듯 자유롭게 주고받을 때 그 재미가 배로 늘어납니다.

놀이를 즐기듯 편안한 분위기에서 영상을 감상한 후,

어떤 점이 인상 깊었는지 서로 질문을 해보세요. 어린이와 청소년이 어떤 인물에 특히 공감했는지, 자신이 감독이었다면 무엇을 다르게 표현했을 것 같은지, 작품이 현재의 자신에게 어떤 의미로 남을 것 같은지 질문을 하고 토론을 이어가다 보면 OTT 콘텐츠를 통해 현재 청소년의 감정과 생각, 세상을 바라보는 관점을 읽을 수 있는 좋은 기회가 될 겁니다.

● OTT 곁에서 도란도란!

▶ **미디어 평론가나 OTT 콘텐츠 창작자를 꿈꾸는 청소년들은 무엇을 준비해야 할까요?**

1) 영상 이론 및 비평 이해

영상 비평을 위해 다양한 영상 이론과 비평 이론에 대한 기초 지식이 필요합니다. 관련 서적, 강의, 온라인 강좌 등을 통해 학습할 수 있습니다.

2) 영화와 다양한 장르에 대한 폭넓은 이해

다양한 장르와 시대의 영화에 대한 깊은 이해가 필요합니다. 영화의 역사, 감독들의 작품, 다양한 국가의 영화 등에 대한 지식을 쌓는 것이 도움이 됩니다.

3) 비평적 사고와 분석 능력

비평가는 작품을 분석하고 객관적으로 판단하는 능력이 필요합니다. 장면, 캐릭터, 스토리 등을 다양한 관점에서 평가하고 비평하는 연습이 중요합니다.

4) 문학 및 미술 관련 학문적 배경

영화와 드라마는 문학과 미술의 결합체라 할 수 있으니 문학, 미술,

미학 등과 관련된 학문적 배경이 도움이 됩니다.

5) 쓰기 능력
자신의 의견과 분석을 명확하게 표현할 수 있는 쓰기 능력이 필요합니다. 문장을 구성하는 능력과 독자를 설득하는 논리력은 연습으로 충분히 키울 수 있습니다.

6) 다양한 콘텐츠 감상
다양한 영화와 드라마, 다큐멘터리 시리즈 등을 감상하며, 다른 시대, 국가, 장르의 작품에 노출되는 것이 중요합니다.

7) 문화와 사회에 대한 이해
작품을 그 문화와 사회적 맥락에서 이해하는 것이 중요합니다. 역사적 배경, 지역적 특성, 사회적 이슈 등을 고려하면서 콘텐츠를 읽는 연습이 필요합니다.

마치며.
OTT 보는 청소년,
괜찮습니다!

OTT 이용 능력, 이제는 말할 수 있다!

"OTT 보는 청소년, 괜찮을까요?"라는 질문은 실제 제가 강연 현장에서 자주 듣는 질문이자 영상 제작과 비평 작업에 참여할 때마다 제 마음 한구석을 무겁게 하는 주제였습니다. 책을 쓰기 위해 여러 사례를 모으고, 전문가 의견을 듣고, 이론을 공부하며 처음에는 막막했지만 보다 쉬운 OTT 활용 가이드이자 사용 설명서를 만들자는 마음으로 접근했습니다. 제 곁에 있는 청소년들과 같이 OTT를 보며 대화하고 나아가 문해력을 키울 수 있는 방법이 무엇인지 고민했습니다.

우선 우리의 일상에 큰 부분을 차지한 미디어인 OTT

가 무엇인지 기본 개념을 잡는 것부터 시작해, OTT 콘텐츠를 제대로 즐기기 위해 그 특징과 분석법을 알아봤고요. 마지막으로 OTT 콘텐츠를 비판적으로 평가하고 이를 활용해 소통하는 방법까지 살폈습니다. 이를 한마디로 정리하면 OTT 리터러시 역량을 키우는 것입니다. 청소년에게 좋은 콘텐츠는 무엇인지 보호자와 교육자, 그리고 청소년 스스로가 작품을 선별할 수 있는 눈과, 다른 사람들의 의견을 경청할 수 있는 열린 귀, 자신만의 관점을 설득력 있게 전달할 수 있는 입을 갖게 하겠다는 것이 이 책의 목표이자 OTT 리터러시의 방향성이 아닐까 합니다.

  책을 마무리하며 독자 여러분과 함께 "OTT 보는 청소년, 괜찮습니다!"라고 자신 있게 외치려면 먼저 확인할 게 있어요. 다음은 책의 전체 내용을 정리하며 만든 OTT 리터러시 역량에 관한 체크리스트입니다. 이 책을 읽으며 저와 함께 OTT라는 숲에서 길을 잃지 않고 앞으로 나아가는 법을 알게 된 분들이라면 자신 있게 "네"라고 답할 수 있을 겁니다.

● 여기서 잠깐!

청소년의 OTT 리터러시 역량 체크 리스트

1. OTT 접근과 플랫폼 이용
☐ OTT에서 내가 보고 싶거나 필요한 콘텐츠를 중심으로 선택하고 시청할 수 있다.
☐ OTT가 추천하는 목록이 어떤 정보를 바탕으로 하는지 파악하고 있다.
☐ OTT 영상 시청 시간을 스스로 조절할 수 있다.
☐ OTT를 이용할 때 ID와 비밀번호, 개인정보를 관리할 수 있다.

2. OTT 콘텐츠 분석과 이해
☐ OTT 콘텐츠에 나오는 내용이 항상 사실이라고 생각하지 않는다.
☐ OTT 콘텐츠에는 만든 이의 의도가 담겨 있다고 생각한다.
☐ OTT 콘텐츠 내용이 믿을만한지 확인하는 방법을 알고 있다.
☐ OTT 콘텐츠 내용에 대한 다양한 입장을 알아보기 위해 추가 정보를 검색한다.

3. OTT 콘텐츠 비평과 활용
☐ OTT에서 좋은 콘텐츠와 그렇지 않은 콘텐츠를 구분하는 나만의 기준이 있다.
☐ 유익하고 좋은 콘텐츠는 댓글이나 리뷰를 남겨 의사를 표현한다.

- ☐ 유해성이 높은 콘텐츠는 신고하거나 게시판 등에 의견을 표시한다.
- ☐ OTT 콘텐츠에 담긴 다양한 관점을 선입견이나 편견 없이 살펴보려 한다.
- ☐ OTT 콘텐츠에 담긴 사회적 문제나 이슈에 대해 나와 다른 입장도 존중하려 한다.
- ☐ OTT 콘텐츠 시청 후 다른 사람과 생각을 공유하고 토론한다.

혹시 아직 체크할 항목이 많지 않더라도 너무 낙담하지 마세요. 독일의 물리학자 게오르크 크리스토프 리히텐베르크(Georg Christoph Lichtenberg)는 "자신의 약점을 알고 나면 약점은 더 이상 우리를 헤치지 못한다"라고 말했습니다. 운동이나 공부를 할 때도 자신의 약점과 강점을 잘 알고 있어야 성장할 수 있잖아요? OTT를 볼 때도 어떤 부분을 조심해야 하는지 이제 알게 되었으니 건강한 환경에서 자유롭게 미디어를 활용할 일만 남았다고 할 수 있습니다.

OTT 콘텐츠, 거리 두며 낯설게 봅시다!

혹시 '낯설게 하기'라는 말을 들어보았나요? '낯설게 하기'란 문학에서 일상적이지 않은 방법으로 내용을 전달하는 것을 뜻합니다. 이 말을 처음 쓴 사람은 러시아의 빅토르 쉬클로프스키(Viktor Shklovski)인데요. 그는 시나 소설을 쓸 때 평소 쓰는 말과는 다른 리듬, 표현, 역설 등을 사용해 낯선 언어를 쓰거나 사건을 있는 그대로 전달하지 않고 낯설게 전개하는 것이 독자를 긴장시키고 집중시키는 효과가 있다고 보았습니다.

저는 이 말을 조금 바꾸어 '낯설게 보기'를 실천하자고 권하고 싶습니다. '낯설게 보기'는 그동안 친숙한 사물이나 관습화된 행동을 볼 때 마치 다른 사람, 다른 세계의 관점으로 본다고 생각하며 특수화하여 새로운 느낌을 갖도록 하는 방법입니다. 쉽게 말하면, 미디어를 보면서 당연하다고 여기거나 자연스럽다고 느끼던 표현과 장면에 "왜"라는 질문을 던져보는 것이죠.

예를 들어 OTT 콘텐츠를 보다가 익숙한 표현을 듣고도 "왜 초보자에게는 '0린이'라는 말을 쓸까? 어린이를 빗댄 표현이 비하의 의미가 담긴 것은 아닐까?"라는 물음을 던질 수 있습니다. 또는 특정 국가나 인종을 재현한 장면에 "저 나라를 묘사하는 이미지는 왜 늘 비슷할까? 배우는 왜 저런 이미지를 강조해 분장을 했지?"라며 의문을 품을 수도 있죠. 처음에는 귀찮고 번거로울 수 있어요. 그러나 낯설게 보기를 자주 실천할수록 내가 가진 정보와 지식에 스스로 반문하고, 미디어의 메시지를 비판 없이 수용하는 것은 아닌지 주의를 환기하며 콘텐츠를 즐길 수 있답니다.

낯설게 보기의 방식은 청소년이 미디어를 이용할 때 더욱 필요하다고 생각합니다. 2010년 이후에 태어난 사람들을 '알파세대'라고 한다죠? 호주의 사회학자 마크 맥크린들(Mark Mccrindle)이 제시한 용어인 '알파세대'는 Z세대 이후의 세대를 지칭하며, 그리스어 알파벳의 첫 글자인 '알파(Alpha)'로 명명했다고 해요. 마크 맥크린들은 그의 저서 《Generation Alpha》에서 알파 세대가 디지털 네이티브, 글로벌, 이동성, 소셜 네트워크, 비주얼이라는 특징을 가지고 있다고 주장했습니다.

알파세대는 태어날 때부터 인터넷 네트워크가 구축된 디지털 환경에서 자랐어요. 스마트폰이 없는 세상을 상상하지 못하는 세대로, 이미지와 영상을 소통의 기본 수단으로 사용하는 것이 당연한 세대입니다. 그러니 디지털 미디어를 이용한다기보다 미디어가 그들의 삶이나 신체의 일부로 여겨질 만큼 친숙한 존재라는 뜻이죠. OTT 서비스 역시 마찬가지고요. 그러니 익숙함과 편리함에 길들어져 콘텐츠를 과이용하거나 과몰입할 가능성이 더 큽니다. 지금 청소년에게 필요한 미디어 리터러시 방향이 OTT와 같이 매일 변화하는 미디어의 기술 사용 방법을 알려주거나 단순히 팩트 체크를 하는 수준에 그쳐서는 안 되는 이유입니다.

어느 세대보다 미디어를 자유자재로 다룰 수 있고 영상 콘텐츠로 소통하는 것이 쉬운 청소년에게 '낯설게 보기'와 같이 보다 깊고, 세밀한 리터러시 감수성이 요구됩니다. 구체적으로 제안하는 방법은 다음과 같습니다. 첫째, 청소년 혼자 OTT를 보게 하지 말고 같이 읽으며 이용 경험을 공유해주세요. 혹시 함께 콘텐츠를 시청할 시간이 없다면 보호자 혹은 교육자로서 청소년이 어떤 영상을 보았고 무엇을 느꼈는지 질문을 자주하고 충분히 콘텐츠에 대해 언급할 수 있는 기회를 제공해 주시기 바랍니다. 둘째, 좋은 콘텐츠를 고르고 평가하는 기준을 어른이 가르치려 하지 말고 청소년 스스로 하나씩 세우도록 해주십시오. 그래야 보호자가 없는 상황에서도 자기만의 판단 기준으로 유해한 콘텐츠를 거를 수 있고 건강하고 안전한 미디어 이용 습관을 가지게 됩니다. 마지막으로 이제 OTT 서비스와 같은 미디어를 이용하는 것은 사적인 영역이 되었습니다. 그러니 청소년의 취향과 관심사, 그리고 그들의 비평을 존중해주세요. 누군가 자신을 지켜봐 주고 믿어준다고 생각하면 청소년은 일상에서 콘텐츠를 보는 매 순간, 흔들리지 않고 자신에게 유익한 선택을 할 수 있을 겁니다.

OTT를 보는 청소년이 비판적인 시각으로 세상을 바라보고 변화하는 환경에서도 창의적인 태도를 잃지 않게 하려면 우선 어른들의 인식부터 바뀌어야 합니다. 청소년에게 미디어를 무조건 떨어뜨려 두려고 해서는 큰 효과를 얻지 못할 겁니다. 통제보다는 존중과 지지를, 혼자보다는 같이 보기를 선택해 주세요. 가정과 학교 밖에서도 다양한 세계와 연결되는 OTT 탐험의 재미와 의미를 누릴 수 있도록 안내해 주시기 바랍니다.

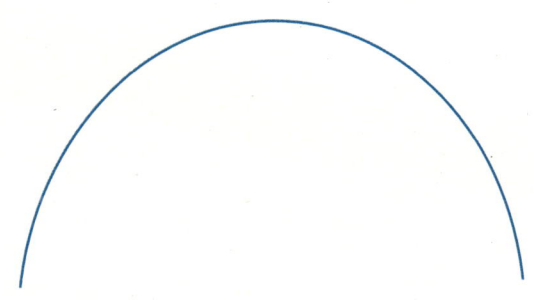

부록

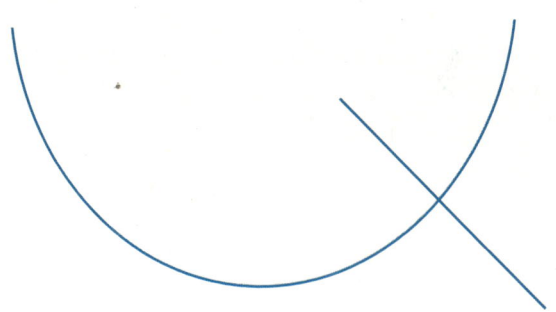

○ 참고문헌 및 자료 목록

들어가며
- 송원숙·심재웅(2016). 부모의 미디어 중재유형이 청소년의 방송프로그램 등급제 실효성 인식에 미치는 영향. 《한국콘텐츠학회 논문지》, 16권 9호, 386-395.
- 정윤경·오연주·김경희(2023). 미디어 이용 중재에 대한 어머니의 자기 인식과 평가. 《한국언론학보》, 67권 6호, 5-41.
- Warren, R. (2005). Parental mediation of children's television viewing in low-income families. 《Journal of Communication》, 55(4), 847-863.

1장. 미디어 리터러시도 골든타임이 있다고?
- 교육부·한국직업능력연구원(2022). 〈2022년 초·중등 진로교육 현황조사〉.
- 여성가족부(2022). 〈제4차 청소년보호종합대책〉.

2장. TV랑 OTT, 무엇이 다를까?
- 방송통신위원회(2022). 〈방송매체이용행태조사〉.
- 정보통신정책연구원(2022). 〈OTT 시청 기기별 시청 행태 분석〉.

3장. 대세 중 대세는 넷플릭스?
- 이호수(2020). 《넷플릭스 인사이트》. 21세기북스.
- 한정훈(2020). 《스트리밍 전쟁》. 페가수스.
- 안세준. 〈韓 방문한 테드 서랜도스 넷플릭스 CEO…국내 창작자와 '동반성장' 강조〉. 《아이뉴스24》, 2023.06.22.

4장. 유튜브가 OTT란 사실, 나만 몰랐어?
- 오세욱·송해엽(2019). 《유튜브 추천 알고리즘과 저널리즘》. 커뮤니케이션북스.

5장. 몰아본다고 뭐가 달라져?
- Netfilx(2013, December 13). Netflix declares binge-watching is the new normal. Netflix.
- 이윤수. 〈드라마 '몰아보기'에 담긴 변화의 메시지〉. 《지디넷코리아》. 2013.12.19.
- Barker, C. & M. Wiatrowski, 《The Age of Netflix》, 2017. (임종수 역 《넷플릭스의 시대》, 2019, 팬덤북스)
- 이정현. 〈'몰아보기'도 OTT 구독 해지 원인… "볼 콘텐츠 없어져"〉. 《연합뉴스》. 2023.05.07.
- 엄채화. 〈드라마 몰아 보는 사람… '드르렁 컥' 수면 무호흡증 위험 높아〉. 《하이닥》. 2021.07.23.

6장. OTT 콘텐츠, 왜 더 자극적이야?
- 한국콘텐츠진흥원(2022). 〈OTT 서비스 변화와 콘텐츠 이용 전망 분석〉.

- 위성주. 〈넷플릭스 콘텐츠 로드쇼 김은희 작가 "이제는 더 큰 꿈을 꿀 때"〉.《맥스무비》. 2021.02.25.
- 영상물등급위원회(2023). 〈2023 영상물 등급분류 연감〉.
- 엠브레인 트렌드모니터(2023). 〈2023 OTT 서비스 이용 패턴 관련 조사〉.

7장. OTT 콘텐츠, 뭐가 유해한데?
- 여성가족부(2022). 〈2022년 청소년 매체이용 유해환경 실태조사〉.
- 과학기술정보통신부(2023). 〈디지털정보격차, 웹 접근성, 스마트폰 과의존 분야 2022년도 실태조사〉.

8장. OTT 콘텐츠, 그럼 유익한 건 뭔데?
- 박지혜(2019). 국내 키즈 콘텐츠 시장의 현황과 시사점.《월간 KIET 산업경제》, Vol.249, 18-27.
- Vorobej, M. (2008).《The concept of violence. New York》, NY: Routledge.

9장. OTT 세계에도 큐레이터가 있다?
- 영상물등급위원회 홈페이지 (www.kmrb.or.kr)
- 커먼센스미디어(Common Sense Media) 홈페이지 (https://www.commonsensemedia.org)
- 인터넷 무비 데이터베이스(IMDB) 홈페이지 (www.imdb.com)

10장. OTT 다양성 콘텐츠 볼까, 말까?
- 넷플릭스(2023). 〈넷플릭스의 최신 영화와 시리즈에 관한 다양성 연구〉. (https://about.netflix.com/ko/inclusion)

- 한국리서치(2023). 〈퀴어 축제 여론 및 퀴어 콘텐츠에 대한 인식〉.
- 홍길회(2014). '일과를 통한 다문화교육 프로그램이 유아의 다문화 수용성과 친사회적 행동에 미치는 영향'. 《한국보육지원학회지》, v.10 no.6, 313-332.

11장. OTT 콘텐츠, 보지 말고 읽는다?
- 임종수(2020). 다큐 시장에 불어오는 변화의 바람: 넷플릭스 다큐멘터리. 《방송 트렌드 & 인사이트》, Vol.25, 11-17.
- 넷플릭스 다큐멘터리 〈그래도 지구는 평평하다〉 포스터. 왓챠피디아.

12장. OTT 다 본 후, 이제 어쩌라고?
- 김주미(2016). 《메디컬 드라마》. 커뮤니케이션북스.

마치며
- Mark McCrindle(2023). 《Generation Alpha》. Hachette Australia.

이미지 출처
- 44, 55, 56, 84, 96, 100, 101, 109, 125, 126, 128, 156, 157, 159쪽. 나무위키.
- 164, 171쪽. 왓챠피디아.

○ 어린이, 청소년과 함께 보면 좋은 장르별 OTT 콘텐츠

1. 영화와 드라마
〈줄리 앤 팬텀스〉 전체관람가 / 뮤지컬 드라마 시리즈 / 넷플릭스
엄마를 잃고 음악에 대한 열정도 잃은 줄리 앞에 어느 날 세 명의 유령 소년이 나타나고 그들과 밴드를 만들며 줄리가 다시 생기를 찾아간다는 내용의 드라마입니다. 음악으로 소통하는 주인공 줄리의 이야기를 통해 우정과 성장에 대한 메시지를 전하는 작품입니다.

〈피터팬 & 웬디〉 전체관람가 / 판타지, 가족 영화 / 디즈니플러스
1953년작 월트 디즈니 애니메이션 스튜디오 애니메이션 〈피터 팬〉을 원작으로 하는 실사 영화입니다. 모험을 꿈꾸는 소녀 웬디가 어느 날 우연히 창문으로 찾아온 피터팬을 만나 마법의 땅 네버랜드에서 새로운 친구들과 함께 놀라운 모험을 펼치는 이야기를 담았습니다.

〈반쪽의 이야기〉 15세이상관람가 / 코미디, 로맨스 영화 / 넷플릭스
동급생들의 에세이 과제를 대신 해주며 용돈벌이 중인 엘리에게 말주변 없는 풋볼선수 폴이 자신이 짝사랑하는 친구에게 고백 편지를 써달라는 청탁을 하면서 벌어지는 이야기를 다룬 영화입니다. 한국계 이민자 소녀와 그녀를 둘러싼 10대들의 우정과 로맨스를 다루며 다양성, 성 정체성, 문화적인 이해를 탐험할 수 있습니다.

2. 다큐멘터리

〈우리의 지구 : 끝나지 않은 여정〉 전체관람가 / 자연, 휴먼 다큐멘터리 시리즈 / 넷플릭스

자연 다큐멘터리 〈우리의 지구 시즌1〉 제작에 얽힌 스토리들을 화면에 담은 작품입니다. 4년간 지구 곳곳을 돌며 60개국, 200곳의 촬영지를 다닌 600명의 제작진. 다양한 생명체를 만나기 위해 고군분투하는 촬영 현장에서는 또 한 편의 드라마가 만들어집니다. 열정과 기다림의 연속인 자연 다큐멘터리 제작 과정을 볼 수 있어 흥미롭습니다.

〈우리가 춤추는 시간〉 전체관람가 / 학교, 성장 다큐멘터리 시리즈 / 왓챠 ·
다큐멘터리는 수많은 K팝 아티스트를 양성해 온 서울공연예술고등학교 실용무용과 학생들의 한 학기를 다룹니다. "춤 때문에 힘들지만 춤 때문에 행복해요"라고 말하며, '아이돌 사관학교'로 불리는 서울공연예술학교에서 각자의 꿈을 이루기 위해 힘들지만 서로 의지해가며 하루하루 성장해가는 학생들의 모습을 지켜볼 수 있습니다.

〈코스모스 2: 시간과 공간을 초월한 빅 히스토리〉 12세이상관람가 / 과학 다큐멘터리 시리즈/ 디즈니플러스

우리 조상들은 지구 종말이 다가오자 어떻게 대처했는지 알아보고 언젠가는 우리가 다른 세상에서 살아갈 수 있을지 가능성도 점쳐보는 과학 다큐멘터리 시리즈입니다. 우주와 천문학에 대한 흥미로운 이야기를 다루는 시리즈로, 과학에 대한 호기심을 자극할 수 있습니다.

3. 애니메이션

〈키포와 신기한 동물들〉 전체관람가 / 모험 애니메이션 시리즈 / 넷플릭스
이 작품은 지상을 차지하게 된 거대한 돌연변이 동물 뮤트와 그로 인해 지하세계로 쫓겨난 인간 간의 갈등과 화해를 다루고 있습니다. 인간과 뮤트는 서로 적대시하는 관계지만, 그 둘의 혼혈인 키포와 그의 친구들의 등장으로 점차 평화와 공존을 노래하며 우정을 맺고 서로 용서하는 이야기입니다. 서로 다른 존재들 간의 화합을 주제로 하는 애니메이션 시리즈입니다.

〈셀프〉 전체관람가 / 단편 애니메이션 / 디즈니플러스
피노키오를 연상케 하는 한 나무 인형이 세상에 속하길 간절히 바라며 별에게 이뤄질 수 없는 소원을 빌고 스스로를 찾아가는 여정을 떠나는 이야기입니다. 또래 친구들과 어울리고 싶지만 쉽지 않은 나무 인형이 역경을 겪으며 스스로에 대한 정체성과 소속감에 대해 깨달아가는 과정을 그린 작품입니다.

〈유즈키네 사 형제〉 15세이상관람가 / 가족 애니메이션 시리즈 / 티빙
몇 년 전, 갑작스럽게 사고로 부모를 잃은 사형제가 서툴지만 꿋꿋하게 빈자리를 채워나가며 삶을 살아내는 이야기가 담겨 있습니다. 부모님의 상실과 아픔이라는 무거운 소재를 오히려 남겨진 사형제가 어떻게 좌충우돌 살아가는지를 조명하며 경쾌하게 그려냅니다. 가족이라는 형태가 다양할 수 있음을 이야기하고 그 의미를 생각하게 하는 작품입니다.

"OTT라는 무한한 바다에서 항로를 잃지 않고
지식과 감성을 채워주는 보물 같은 콘텐츠를 찾으려면
이용자가 끝까지 방향키를 놓지 않고 나아가야 합니다.
청소년에게 방향키를 직접 잡게 하고 보호자나 교육자가
그 옆에서 지켜봐 준다면 OTT 탐험은 인문학의 시선으로
세상을 이해하게 만드는 좋은 여행이 됩니다."

OTT 보는 청소년, 괜찮을까요?
: 청소년 OTT 이용에 관한 12가지 궁금증

초판 1쇄 인쇄 I 2024년 4월 2일
초판 1쇄 발행 I 2024년 4월 9일

지은이 I 김주미
펴낸이 I 이슬기
펴낸곳 I 글이
출판등록 I 2020년 1월 7일 제 2020-000001 호
전자우편 I greebooks@kakao.com
팩시밀리 I 0504-479-8344

ⓒ 김주미 2024
ISBN I 979-11-982522-3-4 (03370)

※ 파본이나 잘못 만들어진 책은 구입한 곳에서 바꾸어 드립니다. 이 책은 저작권법에 따라 보호받는 저작물이므로 반드시 저작권자와 글이출판 양측의 서면 동의를 받아야 합니다.
※ 글이출판은 글로 자신의 목소리를 내는 사람들의 이야기를 책으로 만듭니다. 책을 읽은 후 소감이나 의견을 전자우편으로 보내주시면 다음 창작물의 소중한 거름으로 받아들이겠습니다.
※ 표지 제목 폰트는 던파 비트비트체 v2, 본문 폰트는 산돌 정체를 사용했습니다.